# 광고 마케팅과 인공지능 시대

## 인공지능총서

인공지능 시대입니다. 기계가 인간의 인지를 대신하고, 사물이 인간을 통하지 않고 다른 사물과 직접 커뮤니케이션합니다. 이에 따른 인간 삶과 문명 변화를 정확히 이해·예측·대응하는 것은 이 시대 우리 모두의 과제입니다. 인공지능총서는 인공지능 기술과 환경의 여러 주제를 10가지 키워드로 정리합니다. 관련 개념과 이론, 학계와 산업계의 쟁점, 우리 일상의 변화를 다룹니다. 인간과 기술의 현재, 미래를 세심히 분석합니다.

## 일러두기

- 인명, 작품명, 저서명, 개념어 등은 한글과 함께 괄호 안에 해당 국가의 원어를 병기했습니다.
- 외래어 표기는 현행 어문규정의 외래어표기법을 따랐습니다. 다만 '딥러닝', '딥마인드', '딥페이크' 등은 관행을 따랐습니다.

# 광고 마케팅과 인공지능 시대

권오범

대한민국, 서울, 커뮤니케이션북스, 2025

광고 마케팅과 인공지능 시대

지은이 권오범
펴낸이 박영률

초판 1쇄 펴낸날 2025년 1월 24일

커뮤니케이션북스(주)
출판 등록 2007년 8월 17일 제313-2007-000166호
02880 서울시 성북구 성북로 5-11
전화(02) 7474 001, 팩스(02) 736 5047
commbooks@commbooks.com
www.commbooks.com



ISBN 979-11-7307-498-1 03500

책값은 뒤표지에 표시되어 있습니다.

# 차례

# 인공지능 시대 환경과 광고 마케팅

인공지능은 인식 판단, 추론, 문제 해결, 언어와 행동 지령, 학습 기능 등의 인간의 두뇌 작용과 같이 컴퓨터가 스스로 추론 · 학습 · 판단하면서 작업하는 시스템을 의미한다. 인공지능 연구는 컴퓨터 탄생과 거의 같은 시기에 시작되었다고 보면 된다. 1950년대에 다트머스대학교에 모인 연구가들이 '인공지능'이라는 명칭을 정하고 인간의 지능을 모방하는 기계 연구를 개시한 것이 시초라고 할 수 있다. 그러나 인공지능 개발은 특정 기업과 광고주, 그리고 특정 광고 회사나 마케팅사에서 부분적으로 독자 개발하려는 시도는 가능하지만 실패할 가능성이 높은 영역이다. 단순 작업이 아니라 거대한 자본력과 빅데이터 축적이 필요한 속도와 규모의 전쟁이기 때문이다. 따라서 국가적 차원에서 장기적이고 체계적인 준비와 지원 없이는 특정 국가가 인공지능으로 세계를 지배하는 새로운 형태의 정보제국주의(Informational Imperialism)가 등장할 수 있다. 현재 세계적으로도 무역 전쟁을 넘어선 미국과 중국의 앱 '틱 톡(TikTok)' 규제와 '네이버 라인(Naver Line)' 매각을 둘러싼 한국과 일본의 디지털 장벽 강화 등 일종의 자국 사용자 이용 정보의 유출을 우려한 경제 · 외교전이 치열하게 전개되는 것을 목격하고 있다. 틱톡은 중국의 바이트댄스(ByteDance)사가 서비스하는 글로벌 쇼트폼 모바일 비디오 플랫폼이다. 15초~3분짜리 짧은 동영상을 제작하고 공유하는 기능을 제공하기 때문에 동영상 소통에 익숙한 10~20대층을 중심으로 전 세계적으로 인기를 끌고 있다. 운영사인 바이트댄스는 2018년 기준 기업 가치가 750억 달러(한화 약 84조8천억 원)로 평가받으면서 자동차 배차 웹사이트인 미국 우버(Uber)를 제치고 세계 최대의 유니콘(unicorn) 기업, 즉 기업 가치 10억 달러(1조 원) 이상인 스타트기업 자리에 등극했다(네이버 지식백과, n.d.). 그만큼 앱은 단순한 하나의 소프트웨어를 넘어서 경제적 파급력과 소비자 정보 유출과 획득에 중요한 이슈가 되는 것이다. 여기서는 인공지능과 광고 마케팅 영역에 국한해서 현실을 국내외적으로 살펴보고 향후 해결해야 할 문제점을 검토하고 더불어 현재 시점에서의 방향성을 전망해 보고자 한다.

## 상상이 현실이 되고 있다

얼마 전 뉴스를 통해서 우리는 영화 〈월터의 상상은 현실이 된다(The Secret Life of Walter Mitty)〉(2013)와 같은 상황의 기사를 접했다. 우리가 익히 알고 있는 영화 〈그녀(Her)〉(2013) 속의 인공지능 '사만다'가 애플의 아이폰 신모델에 탑재되어 공개된 것이다. 물론 챗GPT 개발사인 오픈AI사와의 협업 결과물이다. GPT-4o(포오)라는 실시간 음성 대화 인공지능 모델이 아이폰에 탑재된 것이다(YTN, 2024.5.14). 여기에서 알파벳 'o'는 omni라는 의미의 약어로 모든 것을 포함한다는 개념이다. 참고로 GPT는 'Generated Pre-trained Transformer'의 약어로 사용자가 대화창에 텍스트를 입력하면 그에 맞춰서 대화를 함께 나누는 서비스다. GPT는 질문에 대한 답변 생성은 물론 논문 작성 · 번역 · 작사 · 작곡 · 코딩 · 광고 제작 등 광범위한 분야에 걸쳐 업무 수행이 가능하다는 점에서 기존 AI와는 확연히 차별화된다(시사상식사전, n.d.).

대학에서 '모바일 마케팅'과 '미디어 플래닝', '뉴미디어 광고론' 강의를 하다 보면 디지털 시대 환경 변화에 따라 공상과학 소설과 영화 속에 등장하는 장면에 관심을 가지라고 수강생들에게 언급하게 된다. 그것이 우리의 현실에 곧 등장하기 때문이다. 톰 크루즈 주연의 영화 〈마이너리티 리포트(Minority Report)〉(2002)에 등장한 홍채 인식 기술을 바탕으로 한 바이오 인식 광고가 2012년 통신사 KT에 의해서 서울 한복판에 광고판으로 현실화되었다(조선일보, 2012.9.21). 이 광고는 광고물 앞을 지나가거나 광고물 앞에 서 있는 사람들의 홍채를 통해서 그들의 연령대, 성별 등을 파악해서 그들에게 적합한 광고 메시지를 음성으로 전달하는 형태를 띤다. 그리고 영화와 소설 〈해리 포터(Harry Potter)〉(2001) 시리즈에 등장했던 신문 기사 속 사진이 동영상으로 나타나는 호그와트 마법 신문이 LG디스플레이에 의해서 세계 최초로 최대 19인치 와이드형 전자 종이로 2010년에 구현되었다. 이 기술을 적용하면 마음대로 구부러지는 형태가 가능하기 때문에 종이 신문을 매일 배달받을 필요 없이 새롭게 전송되는 특정 신문 기사를 즉석에서 볼 수 있다. 이 기술은 몸에 착용하는 스마트기기, 즉 손목에 차는 시계 형태 또는 의류, 특히 스포츠웨어에 장착하는 헬스케어 도구로도 유용하게 그 활용 범위를 확장할 수 있다. 국내에서 개봉된 해리슨 포드 주연의 〈블레이드 러너(Blade Runner)〉(1993)를 보면 우리의 미래를 더 면밀하게 살펴볼 수 있는데 여기에서 눈여겨볼 것이 하늘을 나는 스카이 카와 복제 인간이다(권오범, 2010). 스카이 카는 이미 여러 업체에서 개발해서 시운전한 상태고 법적 규제와 안전 비행 성능 인증만 통과되면 상업화하는 건 시간문제다. 중국 자동차 기업 체리가 3단 합체 방식의 수직 이착륙 전기차 시험 비행에 성공했고(SBS, 2024.11.3) 전기자동차 업체인 샤오펑 계열사인 에어로 HT가 이미 '플라잉 카'라는 이름으로 개발을 끝낸 상태다(매경신문, 2024.4.27). 우리나라에서도 활주로 없이 수직 이착륙할 수 있는 헬기 형태로 개발되었다. '하늘을 나는 택시'라 불리는 도심항공교통(UAM, Urban Air Mobility)도 2025년부터 서울에서 실현된다. 서울시는 2030년 상용화를 목표로 내년부터 UAM 실증 사업을 시작한다고 밝혔다(한국경제, 2024.11.11). 스티븐 스필버그 감독의 〈에이아이(A.I.)〉(2001)에서 봤듯이 복제 인간의 등장은 인간과 동일한 모습과 지능의 인간형 로봇을 중심으로 전개되는 현대판 피노키오 스토리가 펼쳐질 것이다. 이 역시 머지않은 미래에 현재의 로봇공학과 인공지능 발달 수준으로 보면 현실화할 가능성이 크다. 다만 현실화 과정에서 기존 질서와 규제 문제 등으로 어디까지 허용할지 논란의 여지는 남을 것이다.

이처럼 소설과 영화 속에서 등장하는 미래 디지털 시

대의 모습들이 단순 상상을 넘어서 현실이 되고 있음을 주목해야 한다. 인공지능 엑스포 전시회에서 한 업체가 스크린에 띄운 '우리는 끊임없이 나아갑니다'라는 문구가 인공지능 업계의 현재를 적절하게 대변해 주는 표현이라고 판단된다.

## 이 책의 구성

먼저 독자들에게 양해를 구할 점은 인공지능 분야는 하루가 다르게 변하고 움직이기 때문에 책 내용이 일부 시의성을 놓칠 수 있다는 점이다. 즉 생물과 같은 분야가 인공지능 분야라고 할 수 있다. 원고를 작성하는 이 시각에도, 출판돼서 독자들 손에 책이 쥐어지는 순간에도 이 책에서 언급한 내용이 벌써 과거 이야기가 된다. 대학에서 '뉴미디어 광고론'과 '모바일 마케팅' 강의를 하면서 학기 개시 전에 업데이트한 강의 내용을 한 주 단위로 수정해야만 했을 정도다.

광고 마케팅 메커니즘(1장)에서는 광고 마케팅 캠페인 사례를 통해서 그 결과물이 만들어지는 과정과 그 결과물에 관여하는 광고 회사의 역할을 이해할 필요가 있다. 그리고 인공지능이 광고 마케팅 부문에 도입되면서 마케팅 전략과 소비자의 제품 구매 결정 과정에 어떻게 적용되고 변화하게 되는지 살펴볼 필요가 있다. 그래서 맨 첫 장으로 설정하였다. 여기에서 에이스 침대 사례를 통해 광고 캠페인의 역할과 목표에 대해서 우선 설명하면 그 메커니즘을 좀 더 쉽게 이해할 수 있을 것이다.

1990년 초 가구업계는 불황을 겪었고 특히 다른 가구 제품은 없이 전문적으로 침대만 생산하는 에이스 침대는 타격이 더욱 심각한 상황이었다. 당시 주거 문화는 아파트 중심이었고 핵심 구매 대상자들이 결혼을 앞둔 신혼부부들이었다. 소비자들에게 침대는 다른 가구를 구매할 때 가구들과 잘 어울리는 가구의 부속물로 인식되었다. 구매 행동도 가구를 구매하면서 가구 매장에서 적합한 침대 모델을 구매하는 경향이 높은 것으로 시장 조사와 소비자 조사 결과에서 나타났다. 이처럼 광고 마케팅의 출발점은 경쟁사를 포함한 시장점유율과 소비자들의 제품 구매 요인 분석 등에서 출발하게 된다. 이를 토대로 어떻게 소비자들의 기존 인식을 전환 또는 강화할 것인지가 광고 회사의 커다란 과제인 셈이다. 다른 가구를 우선 선택한 후 어울리는 침대를 구매하는 식으로 침대가 저관여(low involvement) 제품이라는 기존 소비자들의 행동적 인식을 고관여(high involvement) 제품군이라는 인식으로 전환시켜야 하는 미션을 광고 회사는 고민하게 된다. 여기에서 관여도는 제품 구매 의사 결정 과정에서 제품 선택 전에 많은 사전 정보가 필요한지에 따라 높고 낮음으로 구분된다. 광고 회사에서는 미션을 해결하기 위해서 마케팅 조사 결과를 바탕으로 여러 스태프와 아이디어 회의, 즉 새로운 아이디어를 만들고 발전시키며 소비자들과 소통할 수 있는 광고 콘셉트(advertising concept)를 끄집어내는 아이디에이션(ideation) 과정을 거치게 된다. 여기서 콘셉트는 광고해야 할 제품에 명확한 성격을 부여하는 것이다. 즉 어떤 개념의 제품인지 소비자들에게 인식시키는 것을 의미한다. 그러한 수차례의 아이디에이션 과정을 통해 수면이 인체에 어떤 영향을 미치는지에 대한 과학적 연구 결과를 바탕으로 수면의 질이 중요함을 부각하는 것을 소구 포인트로 삼았다. 그리고 수면 과학과 인체 공학을 접목한 후 침대는 수면 과학의 결과물이기 때문에 가구와 별개로 신중하게 선택해야 함을 광고 메시지에 담기로 하였다. 그 결과 당시 초등학생들에게도 유명한 '침대는 가구가 아닙니다. 침대는 과학입니다'라는 카피가 탄생하게 되었다. 결국 광고란 하나의 번뜩이는 아이디어와 보기 좋은 그림이나 영상으로 만들어지는 일종의 예술이라기보다는 치밀한 시장과 소비자 분석을 통해서 광고주의 마케팅상의 문제점을 해결하거나 그 과정에 기여하는 하나의 미션을 갖는 과학의 영역이라고 하는 것이 타당하겠다. 이 장에서는 그러한 마케팅과 광고의 관계를 중심으로 살펴보기로 한다.

인공지능과 생성형 인공지능(2장)에서는 인공지능과 생성형 인공지능의 차이점과 그 특성에 대해서 먼저 살펴보고자 한다. 그다음에 광고 업계 등 창의적 업무 분야에서 주로 활용하는 생성형 인공지능의 국내외 현황, 특히 발전 과정과 유형, 경쟁 상황 등을 검토해 보고 개발과 전개 과정에서 드러나는 심각한 문제점과 부작용 등을 살펴보고 그 대안과 대책에 대해서 논의해 볼 예정이다.

광고에 접목 가능한 인공지능 유형(3장)에서는 우리가 익히 알고 있는 챗GPT 이외 어떤 다양한 인공지능이 현재 개발되어 있고 그들 사이에 어떠한 차이점이 있는지, 각각의 인공지능의 특성을 살펴볼 예정이다. 그런 이후에 광고를 만드는 데 어떤 인공지능이 어떤 관점에서 적합한지 함께 검토하려고 한다. 이 부문 역시 현재진행형이기 때문에 확인하기에 쉽지 않지만 현재 시점에서 판단하려고 한다. 결국 인공지능은 학습 매개변수라는 파라미터(parameter) 수에 따라 그 성능의 우수성이 판별된다. 파라미터 수라는 것은 인간 뇌의 뉴런 간 연결에 해당되는 매개변수 개수를 의미하는 것으로 그 개수가 많을수록 많은 정보 저장과 처리가 가능한 고성능·고지능 모델이 되는 셈이다. 결국 이는 많은 비용이 투자되어야 하고 많은 전문 인력이 관여해야 하는, 일개 대학교 연구실이나 중소 규모 기업으로는 개입이 역부족인 글로벌 테크 기업 간의 사활을 건, 거대시장을 두고 싸우는 최첨단 영역일 수밖에 없다.

해외에서의 광고와 인공지능(4장)과 국내에서의 광고와 인공지능(5장)에서는 현재 만들어진 인공지능을 활용한 해외와 국내의 광고 사례를 바탕으로 살펴보고자 한다. 현재 어디까지 인공지능을 활용해서 광고를 제작하고 있으며 그 반응과 유용성·한계점 또는 문제점이 무엇인지 등을 짚어 볼 예정이다. 아무래도 인공지능 광고 적용이 가장 빠르게 확산되는 영역이 정치 분야, 특히 미국 대통령선거전인데 이러한 가짜 광고 내지는 선전은 그 진위를 판단하기 어려울 정도로 정교하다. 또한 이미 영화 제작 분야에서는 배우의 젊은 시절 모습을 인공지능으로 환생시켜서 적극적으로 활용하고 있다. 향후에는 이미 오래전에 사망한 전설급 유명 배우들의 신작도 스크린이나 OTT(Over the Top) 등을 통해서 볼 수 있을 것으로 전망된다.

인공지능 영역을 파고들면 들수록 고개를 갸우뚱하게 만드는 부문이 학습 영역이라 판단된다. 우리는 인공지능이 딥러닝을 통해 스스로 학습한다고 이해하고 있다. 그러나 조금만 더 파고 들어가면 그것은 일부분에 불과하다는 것을 알게 된다. 인공지능에 필요한 학습 영역(6장)에서는 딥러닝 이외 어떠한 학습 영역이 필요하고 이를 위해서 어느 정도의 인력과 투자가 필요한지를 가늠해 볼 수 있을 것으로 판단된다. 이를 통해서 광고 영역에 어느 정도의 학습이 필요한지도 함께 예측해 보고자 한다.

광고에서 인공지능 활용의 한계(7장)에서는 광고가 온라인 공간의 핵심 기반이지만 지나친 광고 노출이 사용자들에게 오히려 역효과를 발생시키는 현 상황에 대해서 논의하고자 한다. 지나친 광고 노출로 인해서 광고 제거 도구 사용이 일반화되고 원하지 않는 일종의 스팸성 광고를 차단하거나 제한하는 것이 중요한 이슈가 되었다. 그러다 보니 사용자 입장에서 그러한 웹사이트나 브랜드 홍보의 장을 아예 기피하는 현상이 일반화되었다. 전 세계적으로 산업 전반에 대한 인공지능의 영향력과 파급력이 갈수록 확대되지만 한편으로는 광고 마케팅 활동에 인공지능 사용을 억제하거나 제한하는 움직임도 함께 강력하게 대두되고 있다. 이러한 업체들로는 어떤 기업과 브랜드가 존재하고 그 이유가 무엇인지 살펴보고 해결해야 할 과제들을 검토하고자 한다.

가짜 콘텐츠와 광고, 포스트 트루스(8장)에서는 최근 사회 · 경제적으로 심각하게 전개되는 인공지능으로 인한 문제점과 그 부작용 등을 살펴보고자 한다. 대표적인 인공지능 개발자 또는 연구자들의 인공지능에 대한 평가조차도 상반되게 나타나고 있어서 일반인들은 혼란스럽기만 하다. 어느 누구도 확신할 수 없는 상황이 전개되는 현실에서 인공지능에 의해서 만들어지는 콘텐츠의 진위를 어떻게 판단하느냐가 모든 국가나 사회 또는 개인의 중차대한 과제가 되고 있다. 특히 온라인 알고리즘을 통해서 교묘하고 집요하게 파고들면서 제공되는 거짓 정보와 광고 등에 가장 위험한 집단이 청소년들로 드러나고 있다. 따라서 이에 대한 각국 정부의 대응책도 함께 살펴볼 필요성이 있다. 그리고 사회적으로 커다란 문제로 대두되는 인공지능을 활용한 부작용 사례를 국내외적으로 살펴보고 각국의 대응책과 제도적 방지책으로 마련되고 있는 정책들을 검토해 볼 예정이다. 아울러 빅테크 기업들의 자율적인 대책들이 어떻게 전개되는지도 살펴볼 필요가 있다. 그리고 이러한 혼란 속에서 사용자 관점에서 디지털미디어 환경에서 현명한 판단을 하기 위한 디지털 리터러시, 즉 디지털 미디어 문해력의 필요성과 그 방법 등에 대해서도 논의해 볼 예정이다.

인공지능 콘텐츠와 광고 법적 규제(9장)에서는 현재 전 세계적으로 급속하게 전개되는 인공지능을 활용한 다양한 빅테크 기업들의 경쟁과 그 속에서 발생하는 현상들에 대해서 먼저 살펴볼 예정이다. 그 과정에서 발생하는 빅테크 기업들과 각국 규제 당국의 갈등 요소도 풀기 쉽지 않은 과제가 되고 있다. 즉 인공지능 기술 발전과 개인정보 보호 사이에서 균형점과 타협점을 찾는 것이 향후 인공지능 산업 발전의 가장 중요한 과제가 될 것으로 판단된다. 이와 아울러서 인공지능을 활용한 소셜미디어의 폐해가 다양하고 심각하게 대두되면서 각국 정부는 소셜미디어 규제 법안을 마련 중인데 주요 국가들의 규제 동향과 주요 이슈에 대해서 살펴보고자 한다.

저서 『사피엔스』로 세계적인 반향을 일으킨 유발 하라리(Yuval Noah Harari) 교수는 인공지능 활용 여부로 인한 '인공지능 디바이드' 문제가 심각해질 것으로 우려한다. 그리고 궁극적으로 기술 성숙 단계에서 인공지능 개발자조차도 통제하지 못하는 위태로운 상황이 벌어질 것으로 전망한다. 한 걸음 더 나아가 인류의 최대 위협은 인공지능보다 이를 둘러싼 인간 사회의 분열이라고 깊은 우려를 표한다. 따라서 인간 사회 내부적으로 분열된 상태를 극복하고 인공지능이 지닌 잠재력을 인류에게 닥친 위협을 줄이는 방향으로 활용할 수 있는 방안을 찾아야 할 것이다. 특히 그는 편향성과 공정성 문제에 관해서 인공지능이 편향된 이유는 인공지능의 의지와 상관없이 이미 작업자 인간의 편견이 개입되어 있고 편향된 데이터로 학습이 광범위하게 진행됐기 때문이라고 본다.

끝으로 광고 마케팅과 인공지능의 전망(10장)에서는 인공지능 시대에 깊숙이 진입하고 있는 현재 상황에서 긍정론과 회의론 시각을 집중적으로 검토해 보고자 한다. 아울러 향후 약 10년간 연 40%가량의 성장을 예측하는 인공지능 산업의 발전과 전개 방향을 현재 진행 중인 개발 진행 사항을 토대로 전망하려고 한다. 그러기 위해서는 광고 마케팅 분야를 포함한 산업 전반적으로 적절한 대응 방안을 포괄적으로 고려해야 할 것으로 판단되기 때문에 이 부분에 대해서 깊이 있게 살펴보고자 한다.

결국 인공지능 시대에 인류의 발전과 성공을 위해서는 변화하는 환경에 적응하고 그에 적합한 신기술을 습득하는 능력이 중요할 수밖에 없다. 그리고 급속도로 전개되는 인공지능 시대 환경에 적응하기 위해서 필요한 세부 습득 사항에 대해서도 함께 검토해 보려고 한다. 그러나 이러한 접근 과정에서 우리는 노벨 경제학상 수상자도 언급하였듯이 많은 사람들이 인공지능이 할 수 있는 일을 과대평가하고 잠재적인 부정적 영향력은 과소평가하고 있다는 점을 상기할 필요가 있다.

## 참고문헌

권오범(2010). 『실전미디어플래닝노트』. 한국학술정보.

네이버 지식백과(n.d.). 틱톡.
https://terms.naver.com/entry.naver?docId=5849073&cid=43667&categoryId=43667

매경신문(2024.4.27). "하늘을 나는 車, 올해부터 예약판매"…中 전기차업체, 플라잉카 공개.
https://www.mk.co.kr/news/business/11001692

시사상식사전(n.d.). 챗GPT.
https://terms.naver.com/entry.naver?docId=6646863&cid=43667&categoryId=43667

조선일보(2012.9.21). 광고판 앞으로 30대 남자 지나가니… 면도기 광고가 나오네?.
https://biz.chosun.com/site/data/html_dir/2012/09/20/2012092001971.html

한국경제(2024.11.11). '잠실~인천공항' 25분 만에 주파… 서울에 '드론 택시' 뜬다.

https://www.hankyung.com/article/202411113430i
SBS(2024.11.3). 하늘 나는 중국 전기차…'폭탄 관세', 무역 전쟁 서막?. https://n.news.naver.com/article/055/0001202900
YTN 뉴스(2024.5.14). 시각장애인이 GPT-4o 쓰자 '깜짝'... "AI가 세상 들여다본다". https://n.news.naver.com/article/052/0002035402?cds=news_my

## 01
# 광고 마케팅 메커니즘

인공지능을 활용한 광고물들이 국내외에서 시도되고 실제 제작되고 있다. 그러나 간과해서 안 될 것은 인공지능을 통해서 만들어진 광고물이 소비자들의 반응, 특히 제품 구매율이나 구매 의향률에 긍정적인 결과를 기대하기에는 역부족이라는 점이다. 광고물은 여러 마케팅 요소와 전략이 내포된 집약적인 과학적 접근의 산물이기 때문이다. 따라서 광고 마케팅은 어떤 요소들로 구성되어 있고 그 메커니즘은 어떻게 이루어지는지 파악할 필요가 있다.

## 소비자 행동 변화와 적정 광고 노출 수준

잠재 소비자들에게 광고 메시지가 제대로 전달되고 해당 제품의 구매로 연결되는, 즉 광고 효과가 나타나려면 광고가 매체를 통해 몇 번 노출되어야 하고 그것을 소비자들은 몇 번이나 봐야 할까? 광고 캠페인 예산을 결정하는 중요한 이슈 중 하나인데 이 연구는 오래전부터 많은 학자들과 전문가들에 의해서 이루어져 왔다. 광고 회사 내부에도 매체 전략 업무를 전문적으로 담당하는 매체기획팀(media planning team)이 별도로 존재한다. 이 이슈는 단순 매체 영역의 과제를 넘어 광고 마케팅 업계의 공통 딜레마라고 할 수 있다. 광고주가 광고를 집행하는 횟수가 아닌 광고 수용자가 광고에 접촉되는 광고 횟수, 즉 평균 광고 접촉 횟수(average frequency)와 관련된다. 디지털 미디어가 활성화되면서 온라인 광고 효과를 효율적으로 증대하기 위해서 특정 잠재 고객에게 같은 광고에 접촉되는 횟수를 조절하여 고객이 느끼는 광고 메시지에 대한 과잉 노출 관련 피로도와 싫증도(wear-out)를 줄이는 것을 프리퀀시 캐핑(frequency capping)이라고 한다. 그러나 이러한 적정 광고 효과와 관련된 요인은 단순하게 광고 횟수, 광고 접촉량에 국한되지 않는다. 광고 업계에선 오래전부터 학습 인지 이론을 기초로 한 3회의 자극(stimulus)에서 제대로 된 반응(response)이 나타난다는 크루그먼(H. Krugman)의 '3회 접촉 이론(3 hit theory)'이 주류를 이루지만 이미 언급한 것처럼 단순하게 광고 횟수로만 판단할 수 없다. 크루그먼의 연구 이후에도 많은 연구 결과가 발표되고 현장에서 검토되었다. 그중에서 효과적인 광고 효과 수준을 결정하는 기법으로 마케팅 · 크리에이티브 · 매체 등 3가지 영역에서 26가지 세부 요인으로 평가해서 그 적정 수준을 결정하는 오스트로(J.Ostrow)의 효과적 빈도 결정 방법이 적용할 만한 가치가 있는 이론으로 제시된다(Sissors & Surmanek, 1982). 그는 마케팅 요인에서 세부 요인을 신제품, 시장 점유율, 제품 구매 주기, 사용 주기, 경쟁 상황, 가격 수준, 유통 구조 등 총 13개로 분류하고 객관적으로 점수를 매기도록 하였다. 크리에이티브 요인에서도 새로운 캠페인 여부, 이미지 대 제품 광고 여부, 메시지 복잡성 등 7개, 매체 요인에서는 매체 혼잡도, 주목도, 프로그램과 기사 면과 광고 상관성 등 6개로 분류해서 객관적인 평가를 하도록 하였다. 그리고 위 3가지 영역 26개 항목에서 각각 -3에서 +3까지 범위의 점수를 합산한 다음 기본 노출 횟수 3회에 추가하는 방법을 제안하였다. 즉 주먹구구식으로 광고 횟수를 결정하는 것이 아니라 학습 인지 이론과 마케팅, 크리에이티브, 매체 상황을 감안한 나름 과학적인 기법이라고 평가할 만하다.

따라서 이 과정에서 인공지능의 도움을 받는다면 좀 더 정교하고 객관적인 결과를 신속하게 얻을 수 있을 것으로 판단된다. 결국 광고 마케팅 과정에서 논리적 접근을 해야 하는 영역에 인공지능이 우선 개입될 수 있다고 본다. 즉 매체 기획에서는 잠재 소비자들이 광고를 몇 번 보는 것이 가장 효과적인지, 전체 잠재 고객 중 몇 퍼센트 정도가 광고를 보게끔 할 것인지 결정하는 것이 곧 필요 광고 매체 예산을 확정하는 중요한 지표가 되는 셈이다. 이 외에도 어떤 매체에 잠재 소비자들이 접촉하는지(media mix & vehicle selection)를 판단해서 불필요한 예산 낭비를 억제하고 제품 판매의 계절성(seasonality)을 찾아 어느 시점에 광고를 집행하는 것이 적합한지 판단해야 한다. 아울러 어떤 시장(market)과 지역(region)에 한정된 예산을 분배해서 집행하는지를 논리적이고 객관적으로 판단하는 것이 중요한 과제다(권오범, 2010).

결국 이러한 논리적이고 과학적인 접근 방법에 정밀하게 학습된 인공지능이 개입된다면 전문가들이 과중한 업무 스트레스에서 벗어날 기회가 될 수 있다. 반면에 해당 업무를 인공지능에게 넘겨줘야 할지도 모를 상황이 현실로 곧 다가올 수 있다는 두려움이 광고전문가 입장에서는 위기로 인식될 것이다.

## 소비자 인식 변화와 캠페인 사례

유한킴벌리의 국내 최장수 숲 환경 공익 캠페인 '우리 강산 푸르게 푸르게'가 2024년으로 40주년을 맞이하였다. 1984년 시작된 캠페인은 협력적 거버넌스를 근간으로 사회와 기업 모두의 발전을 이끄는 CSR(Corporate Social Responsibility) 모델로 정립되어 왔다. CSR이란 기업 활동에 영향을 받거나 영향을 주는 직간접적 이해관계자에 대해 법적 · 경제적 · 윤리적 책임을 감당하는 경영 기법을 의미한다. 사회 변화의 마중물이 되고 기업을 넘어 사회적 자산이 되었다는 점에서 이 캠페인은 헤리티지(Heritage)로 꼽기에 부족함이 없다는 평가를 받는다. 여기에서 헤리티지는 자연 · 사회 · 문화 등 역사적으로 가치가 있는 유산을 일컫는 개념이다. 우리나라는 산업화 과정에서 놀라운 발전을 거듭했지만 반대급부로 1970년대 말부터 공해가 사회문제로 본격 대두되기 시작하였다. 이를 계기로 유한킴벌리는 환경문제 해결에 기여하면서 장기간 지속할 수 있는 사회 공헌 방안을 고민하기 시작하였다. 이 과정에서 숲이 건강한 생태와 물 · 토양 · 대기 등 에코 시스템의 근간이 된다는 점에 주목하게 된다. 그래서 당시 광고 회사 오리콤과 협업하에 처음 국 · 공유림 나무 심기로 시작된 캠페인은 이후 기후 변화, 사막화, 미세먼지와 같은 글로벌 환경문제와 결합되어 더 중요한 가치를 지니게 되었다. 그리고 시대정신에 부합하는 숲 가꾸기, 학교 숲, 그린캠프, 도시숲, 몽골 사막화 방지 숲 등으로 캠페인을 발전시키며 영향력을 확장하였다. 이를 통해서 국내외 약 1만6500ha 면적(여의도 56배 면적)에 5700만 그루 이상의 나무를 심고 가꾸는 결실을 거두었다. IMF 외환 위기 극복 과정에서 비정부기구(NGO), 전문가 그룹, 산림청과의 협업을 통해 약 17만 명의 일자리를 창출하는 효과를 가져오기도 하였다.

캠페인 40주년 성과 정리에 참여한 전문가들은 캠페인이 오랫동안 지속될 수 있었던 것은 명확한 목적을 토대로 진정성을 발휘했기 때문이라고 평가한다. 그리고 사회적 책임 의식과 의지를 갖고 흔들리지 않고 지속적으로 실천해 온 것이 중요한 성공 요인이라는 데 동의한다. 특히 정부 · 시민사회 · 전문가 등 다양한 분야의 협업에 기반한 거버넌스를 구축하고 공동 목표를 실천해 온 점이 캠페인이 발전을 거듭하며 지속적으로 추진될 수 있었던 동력이 되었다고 평가한다. 유한킴벌리는 오는 2030년까지 지속 가능한 제품에서 매출의 95%를 달성한다는 목표하에 지구 환경과 삶의 질 향상을 고려한 혁신 제품들을 선보이고 있다. 이는 가치 소비를 중시하는 소비자 선호로 이어진다. 실제로 유한킴벌리가 지난해 '마크로밀 엠브레인'에 의뢰해 진행한 조사 결과에 따르면 국민의 77%가 '우리강산 푸르게 푸르게' 캠페인을 인지하고 있으며 제품을 구입할 때 유한킴벌리 제품이라는 것을 알게 되면 개별 제품 브랜드에 대한 선호도가 평균 27% 상승하는 것으로 확인되었다(인사이트, 2024.4.4). 이는 사회를 위한 노력이 기업 신뢰도와 구매 선호도에 긍정적 영향을 미치고 있음을 의미한다. 유한킴벌리가 지난 21년 동안 한국에서 가장 존경받는 기업으로 높은 평판을 지속하는 것도 이러한 결과를 뒷받침한다. 당시 오리콤에 근무했던 실무자로서 광고주와 광고회사의 긴밀한 마케팅 전략 논의에 참여했는데 40여 년간 장기 캠페인을 동일한 콘셉트하에서 이끌어 온 것은 국내에서 전무후무한 성공 사례라 해도 과언은 아니다. 그러나 한편으로 생각해 보면 40여 년간 해외에서 대부분 수입한 펄프의 국내 소비량 대비 유한킴벌리에서 40여 년간 국토에 심은 나무 개체 수를 냉정하게 평가한다면 과연 유한킴벌리를 친환경 기업이라고 공언할 수 있을까? 40여 년간 지속적인 동일한 메시지 반복 노출로 소비자들의 인식을 그들이 원하는 대로 학습시킨 결과는 아닐까?

## 광고 마케팅 이해와 기본 개념

마케팅이란 생산 또는 서비스를 생산자로부터 소비자에게 유통시키는 과정 동안 발생하는 모든 경영 활동을 의미한다. 따라서 마케팅은 단순하게 제품 판매만을 의미하는 것이 아니라 고객의 니즈(needs)를 파악하고 충족해 이익을 창출하는 것을 목표로 한다. 온라인 시장 규모가 증대되고 소비자들의 주된 소통 채널이 온라인으로 변경되면서 기존 전략인 '4P 전략' 또는 '마케팅 믹스(marketing mix) 전략', 'STP 마케팅 전략', '4C 전략' 등으로 접근하는 것이 한계에 부딪혔다. 그러면서 새로운 개념, 즉 경험을 공유하는 온라인 소비자를 위한 '4E 전략'이 활용되고 있다.

4E 전략은 경험(Experience), 참여(Engagement), 전도, 전파(Evangelism), 열정(Enthusiasm)으로 구성되어 있다. 먼저 경험은 여러 매체와 채널을 통해서 브랜드에 대해 소비자가 다양한 경험과 긍정적인 직접 체험을 하

는 것을 의미한다. 참여는 기업 브랜드에 관련성을 만들어서 브랜드 연상 효과를 증대시켜서 그 과정에서 획득한 소비자 정보를 기업이 이용하는 것이다. 개인 맞춤형 메시지를 전달해서 소비자 스스로 경험을 확대하도록 유도하는 것을 의미한다. 전도 또는 전파는 브랜드 충성도가 높은 고객이 자발적 또는 기업의 혜택 제공을 통해서 주변 지인들에게 각종 소셜 네트워크 서비스(SNS)상에서 홍보하는 것이다. 기업에서는 이들에 대한 적극적인 독려로 참여의 장을 확대하는 것이 중요 이슈가 되고 있다. 끝으로 열정은, 다양한 디지털 온라인 마케팅의 발전으로 채널이 증대되면서 마케터들이 집중적이고 심층적인 고객들의 니즈를 파악해야 함을 강조한다.

이러한 광고는 시청각 매체인 글 · 그림 · 사진 · 음성 · 영상 등 여러 가지 매체를 활용해서 표현되고 전달된다. 전달 매체도 올드 미디어인 신문 · 잡지 · 라디오 · TV · 옥외(Out-of-Home) 매체 이외에도 인터넷과 OTT 서비스 등 다양한 뉴미디어 플랫폼이 활용된다. 결국 광고는 마케팅보다 더 좁은 개념이자 하위개념이라고 보면 된다. 즉 마케팅은 시장을 형성해서 고객을 조사 · 분석하고 수집된 정보를 활용해서 고객에게 제품을 홍보하는 포괄적 개념을 지닌다. 반면에 광고는 마케팅 목표 달성을 위해서 제품의 가치를 알려서 사람들의 이목을 집중시키고 구매를 유도하는 것이 주역할이다. 따라서 광고는 티기팅(targeting)을 통해서 특정 고객층이나 고객 유형을 선정해서 원하는 메시지를 전달하는 데 중점을 둔다. 이러한 광고를 통해서 브랜드 지속성은 트렌드에 맞춰서 변화를 주되 브랜드 고유의 이미지 또는 자산은 유지한다. 그 과정에서 특정 고객층이 주로 접하는 매체를 통해서 브랜드의 상품 내지는 서비스를 반복적으로 노출함으로써 고객들에 대한 상품 또는 메시지 신뢰도를 증대한다. 즉 광고를 통해서 장기간 브랜드의 속성을 유지해서 고객들에게 브랜드의 역사와 안정성을 보여 주는 것이다. 효과적인 광고 마케팅 전개를 위해서는 목표 설정(setting objective)이 가장 중요하다. 고객들에게 메시지를 전달해야 할 제품 또는 서비스를 명확하게 이해하고 특히 그들의 강약점 · 특성을 냉정하게 분석하고 고객층이 누구인지 명확하게 파악해서 그들을 객관적으로 분석해야 한다. 아울러 제품 또는 서비스를 노출해서 고객들의 반응을 일으키고 반응을 구매 행동으로 유도할 수 있어야 한다. 판매 주기와 구매 주기 · 시점도 중요 요소로 고객의 상황과 동선을 파악해서 그들의 라이프사이클과 접목된 맞춤형 광고를 추구해야 하기 때문에 끊임없는 고객과의 소통은 절대적이다.

고객의 시선을 끌기 위해 기업이 활용하는 전략에는 반복, 연상 작용, 혜택과 보상 등이 있다. 반복은 학습 인지 이론에 따라 광고 메시지는 최소 3번 이상 소비자가 접촉해야 한다는 것인데 이미 크루그먼의 '3회 접촉 이론'에서 언급하였다. 고객이 브랜드를 인지하고 브랜드에 대한 선호도가 형성되고 구매 의향률까지 이어지려면 광고의 적정 노출은 필수다. 연상 작용은 상품 또는 서비스를 이용함으로써 특정 이미지나 물건 · 인물 · 장면 등이 떠오게 만드는 심리적 작용을 이용하는 것을 의미한다. 즉 에이스 침대 하면 '침대는 가구가 아니라 과학이다'라는 카피가 연상되고, 유한킴벌리를 언급하면 친환경 기업, 즉 '우리강산 푸르게 푸르게' 캠페인이 연상되는 것을 의미한다. 이렇듯 연상 작용을 활용한 광고를 통해서 고객들에게 브랜드가 원하는 이미지를 인식시키게 된다. 그리고 혜택과 보상은 이를 제공해서 고객이 상품 또는 서비스를 선택 구매하도록 유도하는 전략이다. 소위 프로모션 마케팅 전략인데 이벤트 기간을 정해서 특정 기간 구매하는 고객을 대상으로 증정품을 제공하거나 정해진 가격 이상 구매한 고객에게 할인 쿠폰 발급 또는 무료 배송 혜택을 주기도 한다.

## 광고 마케팅과 인공 창의성

최근 AI(Artifical Intelligence)가 모든 산업 분야에 도입 적용되면서 인공 창의성(Artificial Creativity)이 이슈가 되고 있다. 인공 창의성이란 인간 수준의 창의성을 발휘할 수 있는 프로그램을 설계하는 것을 목표로 하는, 여러 학문 영역이 관련된 연구 분야로 기계와 인간, 생산성과 창의성 사이의 새로운 영역이다. 언어 · 음악 · 이미지 등 다양한 분야의 인공 창의성 혁신 도구의 등장은 광고 마케팅 영역을 포함해 창의성을 요구하는 분야에 어떻게 활용할지에 대한 과제를 안겨 준다. 특히 미디어의 다양화에 따른 미디어 플래닝 전략의 복잡화, 광고 효과 검증에 대한 높아지는 요구, 기업의 사회적 책임(CSR, Corporate Social Responsibility)에 대한 요구 증가 등 광고 시장 환경도 크게 변화하고 있다. 따라서 소비자와의 접점이 다각화된 환경에서 다양한 채널을 통해 캠페인을 집행하는 경우 수많은 소비자 접점으로부터 정보를 수집하고 복잡하고 정교한 분석 모델을 적용해서 캠페인 전략을 수립하고 광고 집행 효과를 평가해야 한다. 이 과정에서 AI 활용은 광고 실무자 몇 명이 진행하는 작업과는 속도나 정확도 면에서 비교도 되지 않을 정도로 효율적이라고 평가된다. 광고 산업에서 AI의 활용 영역은 소비자 인사이트 발굴, 고객 세분화, 맞춤 서비스를 제공하기 위한 예측 모델링과 프로세스 자동화에 이르기까지 빠르게 접목되고 AI는 광고의 정교화 · 효율화를 이끌 수 있는 도구로 각광받는다. 그러다 보니 AI를 활용한 광고에 대한 개념도 등장하고 있다. 소비자와 데이터 중심의 알고리즘 매개 브랜드 커뮤니케이션으로 정의된 지능형 광고(Intelligent Advertising)라는 개념이 제안된 이후 학계에서 논의가 지속되고 있다. 이 과정에서 AI 광고란 소비자를 설득하려는 의도로 인간과 기계로부터 제공되는 데이터를 학습하는 다양한 AI의 기능을 사용하는 브랜드 커뮤니케이션으로 정의된다. 그러나 아이러니하게도 생성형 AI에 의한 광고 시장 규모가 얼마가 될 것이라는 전망은 있어도 그 이전에 업계에서 공인된 AI 광고에 대한 명확한 정의는 아직 없다.

소비자의 제품 구매 결정은 필요 · 욕구 · 인지를 바탕으로 한 문제 인식(Problem Recognition), 정보 탐색과 수집(Information Search), 대안 평가(Evaluation of Alternatives), 구매 결정(Purchase Decision), 구매 후 행동 과정(Post-Purchase Behavior)을 거치는데 이 과정에서 AI는 효과적이고 효율적인 통합 마케팅 커뮤니케이션(IMC, Integrated Marketing Communication)을 달

성하기 위한 수단으로 유용하게 활용된다. 통합 마케팅 커뮤니케이션이란 정보통신 혁명으로 고객과의 접점이 폭증한 상황에서 고객과의 모든 접점에서 일관된 브랜드 메시지를 전달하고 이를 통해서 인지도를 높이고 고객 충성도를 강화하도록 하는 행동을 의미한다. 따라서 프로모션의 구성 요소인 광고 · 홍보 · 판매 촉진 등을 독립적인 수단으로 보지 않고 디지털 마케팅을 포함 직접 마케팅 수단까지 모든 채널을 통합해서 효율적으로 활용하는 소비자 중심의 커뮤니케이션 전략을 수립해서 추진하는 것을 말한다.

AI가 도입되면서 소비자의 제품 구매 결정 단계에서 적용되는 사항을 살펴볼 필요가 있다. 첫째, 문제 인식 단계에서는 AI가 도입되기 전에도 시장 조사나 웹 분석 · 데이터 마이닝(data mining), 즉 대용량 데이터에서 의미 있는 통계적 패턴이나 규칙 · 관계를 찾아내 분석하여 유용하게 활용할 수 있는 정보를 추출하는 기술을 통해 고객의 욕구를 파악하기 위한 데이터를 구축해 왔다. 그러나 AI 도입으로 파편화된 미디어 환경에서 소비자가 남긴 디지털 흔적들을 종합적으로 수집 · 분석해서 흩어진 소비자 니즈를 좀 더 정밀하고 신속하게 파악할 수 있게 되었다. 둘째, 정보 탐색과 수집 단계에서 소비자는 자신의 니즈를 충족할 수 있는 대안들을 수집해 검토한다. 이 단계에서의 광고 목표는 자사 브랜드가 선택 대안에 포함되도록 하는 것이다. 이 단계에서 광고주는 AI를 활용해서 특정 시점에 소비자의 정보 요구를 충족할 가능성이 가장 높은 광고 메시지를 파악해서 제시할 수 있다. 셋째, 소비자들이 선택 대안을 적극적으로 평가하는 단계에서의 광고 목표는 구매 가능성이 높은 소비자를 파악해 신뢰할 수 있고 설득력 있는 광고 메시지를 전달하는 것이다. 이 단계에서 AI는 구매 가능성 지수화, 광고 메시지 개인화, 감성적 AI 활용을 통해 목표 달성의 가능성을 높인다. AI는 실시간으로 소비자 행동을 파악해서 개인화된 광고 메시지를 전달할 수 있다. 넷째, 구매 결정 단계에서 광고주는 경쟁사보다 뛰어난 자사 제품의 가치를 강조함으로써 소비자가 자사 제품을 구매하도록 만드는 것을 광고 목표로 삼는다. 이 과정에서 AI는 구매 과정을 지능화하고 탄력적인 가격 설정 등을 가능하게 해 준다. 탄력적인 가격 설정이란 소비자 행동, 계절성과 경쟁사 판매 가격 등에 대한 정보를 종합적으로 분석해서 실시간으로 가격을 조정하는 것을 말한다. 다섯째, 구매 후 행동 과정 단계에서도 재구매율을 높이기 위한 소비자 지원이나 성향 모델링을 위해 AI가 활용되고 있다. 고객 성향 모델링이란 고객 라이프사이클이나 이탈 성향 등을 파악하기 위한 것으로 AI를 통해 예측 모델링이 이루어지면 광고주는 예측 모델이 제시하는 기준에 따라 개인화된 고객 관계를 관리할 수 있다.

지금까지 광고 마케팅에서 활용되는 주요 전략과 기법들에 대해서 살펴봤는데 만일 AI가 객관적이고 엄정하게 이러한 내용들을 분석하고 전문가들에게 제공한다면 더욱 정교하고 신속한 광고 마케팅 전략이 수립될 것은 분명하다. 그러나 과유불급이라는 표현대로 잘못 활용하거나 AI에 종속되면 전문가 영역은 이들 AI에게 침범되고 그들이 해당 조직에서 영원히 방출되는 최악의 상황이 전개될 수도 있다는 점을 잊어서는 안 될 것이다. 즉 AI는 인류에게 축복인 동시에 재앙이 될 수 있는 양날의 검인 셈이다.

### 참고문헌

권오범(2010). 『실전미디어플래닝노트』. 한국학술정보.

인사이트(2024.4.4.). 유한킴벌리, '우리강산 푸르게 푸르게' 40주년... 국민적 캠페인으로 자리잡아. https://www.insight.co.kr/news/465789

Sissors, J. Z. & Surmanek, J.(1982). *Advertising Media Planning*-2nd Edition. Crain Books.

## 02
# 인공지능과 생성형 인공지능

단순 콘텐츠의 패턴을 학습해서 추론 결과로 새로운 콘텐츠를 만들어 가는 것을 인공지능이라고 한다. 그 반면 생성형 인공지능은 콘텐츠의 생성자와 만들어진 콘텐츠를 평가하는 판별자가 끊임없이 서로 대립하고 경쟁하면서 새로운 콘텐츠를 생성하는 기술이란 점이 둘의 차이점이다. 창조적 산업 분야에서 주로 활용되는 건 생성형 인공지능이다. 광고 분야 역시 이 범주에 포함된다.

## 생성형 인공지능 경쟁과 제품 유형

생성형 인공지능(Generative AI)은 텍스트·오디오·이미지 등의 기존 콘텐츠를 활용하여 유사한 콘텐츠를 새로 만들어 내는 AI 기술을 의미한다. 생성형 AI는 단순히 콘텐츠의 패턴을 학습하여 추론 결과로 새로운 콘텐츠를 만들어 내는 기존의 AI를 넘어 콘텐츠의 생성자와 만들어진 콘텐츠를 평가하는 판별자가 끊임없이 서로 소통하고 경쟁하며 새로운 콘텐츠를 생성해 내는 기술이다. 특히 이미지 분야에서는 특정 작가의 화풍을 모사한 그림으로 사진을 재생성하거나 가짜 인간 얼굴을 무제한으로 생성하여 쇼핑·영화 등의 산업에서 활용한다. 음성 분야에서는 특정 장르의 음악을 작곡하거나 특정 노래를 원하는 가수의 음색으로 재생성하는 데에도 활용된다. 상업적 혹은 사회적인 쟁점으로 가장 대중적으로 알려진 생성형 AI로는 '인물 합성 기술(deepfake)'이 있다. 생성형 AI 기술에는 기계학습 모델 중 생성 모델(generative model)이 사용된다. 대표적인 생성 모델로는 고차원 입력 자료를 저차원으로 압축하여 나타낼 수 있게 해 주는 인공 신경망인 오토인코더(auto-encoder)와 생성적 대립 신경망(GAN, Generative Adversarial Network)이 있다. 여기에서 생성적 대립 신경망이란 차세대 딥러닝 알고리즘으로 주목받고 있다. 즉 진짜 같은 가짜를 생성하는 모델과 이에 대한 진위를 판별하는 모델의 경쟁을 통해 진짜 같은 가짜 이미지를 만들 수 있다. 기존에 인간이 정제한 데이터를 바탕으로 학습하는 지도 학습 방식에서 벗어나 스스로 답을 찾는 비지도 학습 방식을 사용해 AI 연구의 새로운 장을 열었다는 평가를 받지만 악용 가능성에 대한 우려도 커지고 있다. 다시 말해서 생성형 AI는 정치인의 선동 영상 혹은 가짜 뉴스, 특정 인물로 조작된 음란물, 보이스피싱 등에도 악용될 수 있다. 따라서 이로 인한 사회문제는 AI 활용의 윤리적 문제에 관한 경각심과 사회적 합의에 관한 쟁점을 불러일으켰다.

챗GPT의 제작사인 오픈AI는 AI 언어 모델 GPT-3, 그림을 그리는 AI 달리2(DALL-E2), 다국어 음성 인식 AI 위스퍼(Whisper) 등을 개발하였다. 챗GPT는 인간과 비슷한 대화를 생성해 내기 위해서 수백만 개의 웹 페이지로 구성된 방대한 데이터베이스에서 사전 훈련된 대량 생성 변환기를 사용한다. 인간의 피드백을 활용한 강화 학습(Reinforcement Learning)을 사용해서 인간과 자연스러운 대화를 나누고 질문에 대한 답변도 제공한다. 여기에서 강화 학습이란 기계학습(machine learning)의 일종으로 기계가 취하는 행동에 서로 다른 보상(reward)

을 제시하여 보상을 가장 많이 받을 수 있는 방식이 무엇인지를 스스로 학습하도록 하는 방식을 의미한다. 챗GPT와의 대화는 지식 정보 전달은 물론 창의적 아이디어에 대한 답변과 기술적 문제의 해결 방안 제시 등 매우 광범위하다. 또한 챗GPT는 대화의 숨은 맥락을 이해하거나 이전 질문 내용과 대화까지 기억해서 답변하는 등 이전의 챗봇과는 차별화된다. 오픈AI의 챗GPT에서는 챗봇의 차별적·혐오적 발언을 차단하기 위해서 AI 기반 조정 시스템, 즉 운영체제와 응용 프로그램 사이의 통신에 사용되는 언어나 메시지 형식인 모더레이션 API (Moderation Application Programming Interface)를 사용한다. 따라서 챗GPT는 허용되지 않은 내용에 대한 질문이 나올 경우 부적합한 질문으로 차단하게끔 설계되었지만 이따금 잘못되거나 편향적인 정보를 제공한다거나 최근 정보에 대한 업그레이드가 미흡하다는 한계도 존재한다. 스위스의 금융그룹인 스위스연방은행(UBS, Union Bank of Switzerland)은 챗GPT의 2023년 1월 기준 월간 활성 사용자 수(MAU, Monthly Active Users), 즉 한 달 동안 해당 서비스를 이용한 순수한 이용자 수가 1억 명으로, 이는 챗GPT가 등장한 지 단 2개월 만에 달성한 기록적인 수치라고 발표하였다. 1억 MAU 달성에 소요된 기간을 보면 구글 번역기가 78개월, 우버(Uber) 70개월, 텔레그램(Telegram) 61개월, 인스타그램 30개월, 틱톡(TikTok) 9개월로 나타난다. 이러한 급속한 확장으로 정보기술(IT) 업계에서는 챗GPT가 1994년 웹 브라우저, 1998년 구글 검색엔진, 2007년 아이폰에 이어 게임 체인저(game changer), 즉 판을 뒤흔들어 시장의 흐름을 통째로 바꾸거나 어떤 일의 결과나 흐름 또는 판도를 뒤집어 놓을 만한 결정적인 역할을 할 것으로 전망한다. 특히 영국 신문 ≪인디펜던트(The Independent)≫는 '구글은 끝났다(Google is done)'라는 제목의 기사로 챗GPT로 대표되는 대화형 AI 검색 시스템이 구글을 대체할 것으로 전망하였다. 위기감을 느낀 구글은 대안으로 대화형 AI 서비스 바드(Bard)를, 마이크로소프트(MS)에서는 검색엔진 빙(Bing)을 출시하면서 글로벌 검색 시장에 본격적인 주도권 전쟁이 시작된 셈이다.

오픈AI가 챗GPT의 새 버전 GPT-4o를 공개한 데 이어서 구글도 새로운 AI 모델 '아스트라'를 발표하였다. 둘 다 사용자가 텍스트는 물론 음성이나 영상을 통해 소통이 가능하다는 공통점이 있다. 특징이라면 GPT-4o는 사용자의 얼굴 표정에까지 반응하는 반면 아스트라는 한 번 본 물체를 기억하고 찾아내 준다는 점이다. 이러한

GPT-4o와 아스트라의 등장으로 AI 비서 개발 경쟁이 다시 불붙는 형국이다. GPT-4o가 영화 〈그녀(Her)〉(2014)에서 영감을 받았다면 아스트라는 영화 〈아이언맨(Iron Man)〉(2008)에 등장하는 최첨단 AI 비서 '자비스'를 떠올리게 한다(주간동아, 2024.6.11). 구글은 정보를 검색해 답변을 제공하던 기존 AI 챗봇을 뛰어넘어 추론 · 계획 · 기억 능력을 보여 준다는 의미에서 고급 'AI 비서(Agent)'라는 이름을 제안하였다. 아스트라는 구글의 검색 기반 AI 모델인 제미나이를 기반으로 텍스트 · 오디오와 비디오 입력을 처리하도록 모델링되었다.

## 생성형 인공지능 활용과 문제점

교육과 연구 분야에서 챗GPT 활용과 관련한 논쟁이 불거지고 있는데 이는 기존 챗봇과 다르게 방대한 양의 전문 지식으로 에세이와 논문을 순식간에 작성하는 챗GPT의 능력 때문이다. 미국 교육 현장에서 학생들이 챗GPT로 작성한 것을 과제로 제출하는 현상이 급증하자 뉴욕 등 몇몇 공립학교에선 교내 와이파이망과 챗GPT 접속을 차단하는 조치를 내리는 소동까지 벌어졌다. 일부 대학에서도 학생들이 챗GPT로 작성된 에세이를 제출하는 등 부작용의 심각성이 대두되자 AI를 활용해서 해결할 수 없는 구술시험과 그룹 평가를 확대하고 학내 규정에 AI를 활용한 표절 금지 조항을 포함하기도 하였다. 노스웨스턴대 연구진들은 논문 사전 공개 사이트에 챗GPT로 작성된 의학 논문 초록 일부가 표절 검사 프로그램을 모두 통과하고 의학 전문가들조차도 제출된 초록의 30%가량을 걸러내지 못하는 현상이 벌어졌음을 확인하였다. 이러한 심각성에 따라 일부 대학에서 챗GPT로 작성 여부를 식별하기 위해서 제로 GPT, 디텍트 GPT 등의 탐지 시스템을 내놓자 오픈AI에서도 표절 여부를 구분하는 툴을 공개했지만 결론은 모든 표절을 판별하는 것은 불가능하다는 한계를 인정하는 것이었다. 문제는 단순 교육 현장을 뛰어넘어 AI가 MBA와 로스쿨, 의사 면허 시험까지 통과하면서 전문 직종의 영역까지 실제 침범하고 있다는 충격적 사건이 연이어 벌어지고 있다는 점이다. 학계에서도 최근 영국 레딩대학교는 대학 논문 채점 때 AI 사용 여부를 판별하기 어렵다는 충격적인 연구 결과를 발표하였다. IT 전문 매체 베르딕은 챗GPT 등 AI 챗봇을 이용한 부정행위가 학계에 심각한 위협이 될 수 있음을 경고한다. 연구 결과, AI가 작성한 답안 중 무려 94%가 채점 교수에 의해 적발되지 않았다. 특히 1학년과 2학년 과제에서는 AI가 작성한 답안이 실제 학생들의 답안보다 더 높은 점수를 받는 경우도 빈번하게 발생하였다. 레딩대 연구팀은 챗GPT를 활용해 33명의 가상 학생의 답안을 생성하였다. 이 답안들은 1학년부터 3학년까지 다양한 모듈의 시험과 에세이 과제에 대한 것으로 실제 채점자들에게 제출되었다. 이는 AI가 이미 대학 수준의 학업 과제를 성공적으로 수행할 능력을 갖추었음을 시사하며 동시에 기존의 채점 시스템으로는 AI를 활용한 부정행위를 효과적으로 탐지하지 못하고 있음을 보여 준다. 이 실험 과정에서 한 가지 흥미로운 점은 3학년 과제에서는 인간 학생들의 답안이 AI 작성 답안보다 더 높은 점수를 받았다는 것이다. 연구팀은 이러한 결과가 AI가 인간의 추상적 추론 능력을 완전히 모방하기 어렵다는 점을 보여 주는 것이라고 해석하였다. 즉 고차원적인 사고와 창의력이 요구되는 과제에서는 여전히 인간이 AI보다 우위를 점하고 있다는 것이다(AI라이프경제, 2024.7.5). 결국 이번 연구 결과는 AI가 교육 분야에 미치는 영향에 대한 논쟁을 더욱 촉발할 것으로 예상된다. 또한 AI 기술은 교육의 효율성을 높이고 학습 경험을 개선하는 데 기여할 수 있지만 동시에 부정행위와 같은 윤리적 문제를 야기할 수 있다는 점을 간과해서는 안 될 것이다.

챗GPT 등장 이전에도 AI는 그림과 음악 등 창작 영역에서 비약적 발전을 거듭하고 있었는데 오픈AI의 달리2와 미드저니 AI연구소의 미드저니(Midjourney), 스터빌러티AI의 스테이블 디퓨전(Stable Diffusion) 등이 대표적이다. 특히 미드저니에 의해 제작된 작품은 미국에서 주최한 미술전에서 디지털 아트 부문 1위를 수상하면서 커다란 논쟁을 불러일으키기도 하였다. 이처럼 생성형 AI에 의해서 만들어진 작품들이 이미 학습에 활용된 수많은 창작물을 바탕으로 결과물을 만들었다는 점에서 저작권 침해 논란에서 자유로울 수 없다(AI라이프경제, 2024.7.4). 아울러 AI가 생성한 글 속에는 거짓 정보가 확산되고 재생산되는 'AI 학습 루프 현상'이 대두되는데 학습용으로 활용된 기존 데이터 자체가 오류인 경우가 다수 존재하기 때문이다. 이러한 문제와 함께 보안에 취약하고, 여러 가지 생성형 AI 기능을 합성한 후 악성 웹사이트를 제작하는 범죄에 악용될 수 있다는 점에서 신속하고 철저한 대책이 필요한 시점이다. 그러나 AI 기술이 사이버 보안 분야에서 혁신적인 변화를 가져오면서 전 세계 보안 리더들은 AI 도입과 동시에 기존 인력 감축을 계획하는 것으로 나타났다. 최근 크라우드소싱 사이버 보안 플랫폼인 버그크라우드(Bugcrowd)의 연구에 따르면 전 세계 보안 리더의 70%가 AI 도입으로 인해 팀 인력을 감축할 계획이며 90% 이상의 리더들은 AI가 기존 보안 팀보다 더 나은 성과를 내고 있다고 평가한다. 버그크라우드는 전 세계 수백 명의 보안 리더, 즉 최고 정보 보호 책임자를 대상으로 설문조사를 실시하고 그 결과를 보고서로 발표하였다. 보고서에 따르면 응답자의 절반 이상인 58%가 AI가 사이버 보안에 뛰어난 잠재력을 가지고 있다고 인정하면서도 기술의 잠재적 이점보다 위험성을 더 크게 인식하는 것으로 나타났다. 이는 AI 기술이 사이버 공격에 악용될 가능성에 대한 우려를 반영하는 것으로 해석된다. IT 전문 매체 베르딕에 따르면 사이버 공격에 악용되는 AI 기술의 발전으로 인해 더욱 정교하고 심각한 규모의 위협이 증가하면서 보안 리더들의 89%는 기존 방어 전략의 한계를 절감하고 있다고 한다(AI라이프경제, 2024.7.4). 이에 따라 보안 팀은 크라우드 소싱을 통해 다양한 해커들의 집단 지성을 활용해서 AI 방어 전략을 테스트하고 강화하는 추세다.

## 국내 생성형 인공지능 적용 상황

한편 국내 정보통신정책연구원(KISDI)의 보고에 따르면 최근 3개월 내 생성형 AI 이용자는 39.8% 정도고 이

중 47.1%가 업무용으로 사용한 것으로 집계되었다. 이들을 대상으로 생성형 AI를 이용할 때 예상 업무량 감소율을 추산한 결과 약 33%로 집계되었고 다른 부서 또는 분야와의 협업에 63.7%가 도움이 되는 것으로 나타났다. 용도 측면에서는 번역을 비롯해서 외국어 작문, 자료 검색, 글 내용 요약, 제목 짓기, 교정 편집 등 주로 업무용으로 활용되어 업무 현장에서는 그 활용도가 꾸준히 증대될 것으로 전망된다. 중복 응답을 허용한 상태에서 사용 경험이 있는 생성형 AI 서비스는 오픈AI 챗GPT(81.7%) 위주로 나타났다. 그리고 이미지 생성형 AI 활용 비율은 달리(6.3%), 미드저니(4.2%), 스테이블 디퓨전(3.3%) 등 10% 미만인 것으로 나타났다. 사용 경험자 중에서 생성형 AI를 매일 사용하는 비율은 6%, 1주에 1번 정도 사용자는 46.5% 수준에 그쳤다. 따라서 정부가 추진 중인 AI 일상화 단계는 시기상조인 셈이다. 그러나 이를 외면한다면 경제적 · 사회적 여건 차에 의해 발생하는 정보 격차를 의미하는 디지털 디바이드(Digital Divide) 현상에 이어서 'AI 디바이드(AI Divide)' 상황이 사회 전반에 악영향을 미치게 된다. 그럴 경우 소외계층이 증가해서 사회 계층의 단절을 가져오는 사회적 문제로 전개될 수 있기 때문에 정책 면에서 신중하게 고려해야 한다.

삼성전자는 파리올림픽이 진행되는 시점에 프랑스 파리에서 처음으로 신제품들을 선보였다. AI 기술이 탑재된 접히는 스마트폰 신제품과 함께 갤럭시 링을 공개하였다. 더욱 주목되는 것은 안전하고 포용적인 AI 기술을 개발하고 운용하기 위해 세계 선두 기업들과 적극 협업하고 있다는 것이다(SBS, 2024.7.11). 이를 통해 그 누구도 AI 기술로부터 소외되지 않도록 하겠다는, AI 디바이드로 인해 소외계층이 발생하지 않도록 하겠다는 공개 선언을 한 것이다.

LG는 국내 최초로 오픈소스로 공개한 최신 AI 모델 '엑사원(ExaOne) 3.0'과 생성형 AI 서비스 '챗 엑사원'으로 세계적인 주목을 받고 있다(AI라이프경제, 2024.8.17). LG AI 연구원은 AI로 인한 전력 소모 문제를 해결하기 위해 경량화와 최적화 기술 연구에 집중하였고 초기 대형 모델 대비 성능을 높이면서도 크기를 3/100으로 축소하는 데 성공하였다(GPT매거진, 2024.8.8).

네이버는 이미지 분석과 음성 생성 AI 기술을 공개하며 멀티모달(multi modal) AI 서비스 시장 진출 본격화를 선언하였다. 멀티모달 시스템은 텍스트 · 이미지 · 오디오 · 비디오 등 다양한 유형의 입력을 동시에 처리할 수 있는 능력을 의미한다. 따라서 멀티모달 AI는 하나의 모달리티를 활용하는 것보다 다양한 작업을 수행할 수 있다. 즉 멀티모달 AI는 인간의 자연스러운 의사소통 방식을 모방한 기술로 사용자와 컴퓨터 간의 상호작용을 더욱 자연스럽고 직관적으로 만든다. 또한 다양한 데이터 모달리티를 활용함으로써 더 많은 정보를 처리하고 더 정확한 결과를 도출할 수 있다. 네이버는 오픈AI · 구글 등 글로벌 기업보다 다소 출발은 늦었지만 신중한 접근을 통해서 기술 완성도를 높인다는 전략을 세웠다. 네이버는 현재 영상을 보고 AI와 소통할 수 있는 기술도 연구 중이며 이 기술로 향후 한 시간 이상 분량의 영화 전체를 이해하는 것도 가능해질 전망이다. 그뿐만 아니라 네이버는 LLM 하이퍼클로바X 기반 음성 AI 기술인 가칭 '스피치(Speech) X'를 공개했는데 단 1~2초의 목소리 데이터만으로도 음성을 생성하여 자연스럽게 대화를 이어 갈 수 있는 혁신적인 기술이다. 향후 스피치 X를 기반으로 구글의 음성 AI 어시스턴트 '제미나이 라이브'와 유사한 서비스를 제공한다는 계획이다. 그렇게 된다면 사용자는 언제 어디서나 음성으로 AI와 소통하며 일정 관리, 정보 검색 등 다양한 작업을 수행할 수 있게 될 것으로 기대된다(AI라이프경제, 2024.8.24).

카카오에서는 2024년 하반기까지 대화형 플랫폼 형태의 AI 서비스를 별도의 앱 형태로 출시할 예정이다. 즉 국민 메신저인 카카오톡의 운영 노하우를 활용해서 일반 소비자를 겨냥한 AI 서비스를 제공해서 차별화를 꾀한다는 전략인 것이다(서울경제, 2024.8.8). 현재 준비 중인 서비스는 아직 AI에 친숙하지 않은 이용자를 포함해 4800만 명 이상이 카카오톡을 사용하는 만큼 AI가 거짓 정보를 마치 사실인 것처럼 생성·전달하는 현상을 의미하는 AI의 할루시네이션(환각, hallucination) 영향을 최소화하고자 한다. 아울러 시장 반응을 보며 빠르게 대응하기 위해 카카오톡 내부에서 작동되는 것이 아닌 별도 앱으로 출시할 예정이다.

## 대학 연구실에서 빅테크 기업으로 개발 전환

이처럼 최근 급속한 AI 활용 확산 움직임에 따라 생성형 AI가 업무를 대체할 것으로 응답한 비율은 정보통신정책연구원(KISDI)이 발간한 보고서에 따르면 33.6%다. 이를 적극적 업무 이용자로 좁혀 보면 그 비율이 48.8%로 증대된다. 그리고 이 중 68.9%가 10년 이내 AI로 업무 역할이 대체될 것으로 내다본다(아주경제, 2024.4.28). 그렇다면 생성형 AI가 기업의 미래를 바꿀 게임 체인저가 될까? IBM의 최근 조사에 따르면 전 세계 기업 최고경영자(CEO)의 2/3가 경쟁우위를 확보하기 위해 직원들이 감당할 수 있는 속도보다 더 빠르게 생성형 AI를 도입하고 있는 것으로 나타났다. 30개국 26개 산업 분야 3000명의 CEO를 대상으로 한 IBM의 연례 글로벌 연구에서 응답자의 64%는 직원이 감당할 수 있는 속도보다 더 빠르게 조직에 생성형 AI를 도입하도록 압박을 가하고 있다고 답했다(AI라이프경제, 2024.6.11).

오픈AI에서 챗GPT3가 개발되기 전까지 AI 개발의 중심지는 대학교 연구실이었다. AI 개발을 주도하던 대학은 스탠퍼드대와 뉴욕대, 토론토대로 AI가 복잡한 수학 계산을 해결해야 했기 때문이다. 그러나 챗GPT 사례에서 보듯이 초거대 AI 개발 단계부터는 천문학적 비용과 전력 소모 등 문제가 발생하면서 중심축이 글로벌 테크 기업으로 이동하게 된다. 즉 챗GPT 학습을 위해서 1조원 이상의 전기료가 발생한다는 소문이 떠돌 정도로 결국 초거대 AI 기술 개발은 기술에서 자본 경쟁으로 패러다임이 변경된 셈이다. 인간 뇌의 뉴런 간 연결에 해당하는 매개변수 개수를 의미하는 파라미터(parameter) 개수가 많을수록 AI는 많은 정보 저장과 처리가 가능한 고성능·고지능 모델이 된다. 알파고를 개발한 딥마인드

(Deep Mind) 연구팀이 개발한 언어 모델 친칠라(Chin Chilla)가 등장하기 전까지는 글로벌 테크 기업들은 데이터 양보다 파라미터 수 확대에만 집중하는 모습이었다. 딥마인드는 비용을 최소화하고 효율적으로 AI를 개발하는 데 집중한 결과 고퍼(Gopher)를 선보였다. 고퍼는 2800억 개의 파라미터와 3000억 개의 데이터를 학습한 모델로서 오픈AI GPT3보다 파라미터 수는 적지만 인문학 · 사회과학 · 의학 · 일반상식 · 과학 · 기술 · 수학 등 모든 데이터 영역에서 GPT3를 능가한다고 한다. 딥마인드 측에서는 5000억 개의 토큰(token)을 통해서 7000만 개에서 160억 개의 파라미터를 가지고 400개 이상의 언어 모델을 훈련시키면서 연구하였다. 그 과정에서 최적의 모델 크기와 훈련 토큰 수가 동일하게 늘어나야만 AI의 성능이 좋아지는 것을 발견하였다. 즉 파라미터 수와 데이터양에는 최적의 비율이 있다는 것이다. 생성형 AI 모델의 훈련에는 생각보다 더 방대한 양의 데이터가 필요하다. 하나의 언어를 유창하게 구사하는 대규모 언어 모델(LLM, Large Language Model)을 개발하기 위해서는 수십억에서 수조 개의 토큰 처리가 필요한데 이때 토큰은 개별 단어 또는 문장부호를 의미한다. 즉 양질의 공개된 데이터를 확보하는 것이 생성형 AI의 수준

을 결정하게 된다는 것이다. 딥마인드는 고퍼와 동일한 예산 속에서 고퍼의 2800억 개의 파라미터 수를 700만 개로 축소하였다. 그 대신 데이터 양에서 고퍼보다 4배 증대된 상태로 친칠라 학습을 테스트한 결과, 그동안 빅테크 기업들이 파라미터 확대 경쟁에 몰두한 나머지 언어에 대한 충분한 학습 훈련에는 소홀했다는 결론을 내린다(조중혁, 2024.4.13). 결국 이러한 테스트 과정을 통해서 딥마인드는 모델 크기와 훈련 토큰 수를 조정해서 컴퓨팅 최적화 훈련을 하면 성능을 최대로 끌어올릴 수 있다는 효율적인 해법을 제시하였다. 이에 발맞춰 등장한 메타에서 라마가 오픈소스로 공개되면서 많은 업체와 대학에서 새로운 모델을 개발하였다. 그중 대표적인 것으로 라마를 미세조정해서 경량화한 AI 모델 알파카(Alpaca)를 들 수 있다.

## 참고문헌

서울경제(2024.8.8.). 카톡처럼…카카오 '대화형AI' 연내 출시.
https://n.news.naver.com/article/011/0004377877?sid=105
아주경제(2024.4.28). AI로 업무 효율성 올랐지만…국민 60%는 "생성AI 쓴 적 없다".
https://m.ajunews.com/amp/20240428134557013?fbclid=IwZXh0bgNhZW0CMTEAAR3Gb3lEsxWNpvEq_F2kG_Is

DemOEinAZf4rZrN49sSq7o-9wGBws4hV8-U_aem_AaC4mG7lRH2ihh26PWwCgayVvaxHZpeIA27UQ1aEdTWGwgzy-Ac-AThtGHvIpOhpVN_UfQYj_0MfY7qgwahckDHW

조중혁(2024.4.13). [조중혁의 IT퀘스트] 인공지능 기술의 방향성을 제시한 친칠라와 고퍼. https://www.bandinews.com/news/articleView.html?idxno=43&fbclid=IwZXh0bgNhZW0CMTEAAR2cXxDIxCg-4cZ5XnOsqKmm6jrMf4FjIzRD3n10AO16-YxxAFqeHzWVPvc_aem_AVOnP9HvICCaQ8lWwW2tedVIdU6vpoJSAX0TWM1bSh1r4XIZYIqSeFZx3M7nUybMqxb-PHID11VUW9ZyKANPddVg

주간동아(2024.6.11). 불붙는 'AI 비서' 개발 경쟁, 오픈AI GPT -4o vs 구글 아스트라 승자는?. https://n.news.naver.com/article/037/0000034591?cds=news_my

AI라이프경제(2024.6.11). 생성형 AI, 기업 경쟁력 핵심으로 부상...글로벌 기업 CEO 64%, 직원 감당 속도 넘어선 도입 추진. https://www.aifnlife.co.kr/news/articleView.html?idxno=23434&fbclid=IwZXh0bgNhZW0CMTEAAR1TJ54JzTXiiEMKa-hnQR5ekwHv-DuQJnu9BYfCysTEGfjELadIjq5xdCE_aem_Ab0X73yTZFeV6cuzzbLFMcoARZpIKP23HDjOdgUdxe30a14w81sjBCA6xc1EqFkh2v5U0QRGDa9dpMSAY_WcKm-o

AI라이프경제(2024.7.5). 영국 레딩대 "AI 논문 채점, 94% 탐지 실패"...학계 'AI 악용' 비상. https://www.aifnlife.co.kr/news/articleView.html?idxno=23587&fbclid=IwZXh0bgNhZW0CMTEAAR11oCugOZoYSGVBDfw-4ya0eWR-tkfr8rOt0BNMU0Hr9vuvbZBWO440KyE_aem_Sdmop1eZU_--zDQ8OOZdFA

AI라이프경제(2024.7.4). 인공지능 시대, 보안 인력 감축 현실로 ...전문가 90% "AI, 기존 팀보다 우수". https://www.aifnlife.co.kr/news/articleView.html?idxno=23580&fbclid=IwZXh0bgNhZW0CMTEAAR1C-MxRFyqVLNwFvUS3WjUxtuMG9LraRPytTTChV5k4fQQq83HkMXifup8_aem_OI3nDYDg6Q37lrbQBwat0A

AI라이프경제(2024.8.17). LG, 국내 최초 오픈소스 AI 모델 '엑사원 3.0' 공개...세계적 관심 집중. https://www.aifnlife.co.kr/news/articleView.html?idxno=23838&fbclid=IwY2xjawEtJa1leHRuA2FlbQIxMQABHQWsSd7GxFZqKPS8Hl6bDsZe79nCH-kUxtbVg7e84pn2kiOVNfiMJn2lvg_aem_9cIXRAqJc4XQuXYZ7OzeKw

AI라이프경제(2024.8.24). 네이버, '멀티모달 AI' 서비스로 도약 ... 시각 정보 처리 능력 갖춘 '클로바X' 공개. https://www.aifnlife.co.kr/news/articleView.html?idxno=23874&fbclid=IwY2xjawE7TFdleHRuA2FlbQIxMQABHU9b05pNi9nzn5QK_gc5EP2tZM3cjEF1qy9owRFmOhO16VILKGqrxZM9uw_aem_-3qnNws5hHdrQyGC5cBZRw

GPT매거진(2024.8.8). LG AI 연구원, 차세대 AI 모델 'EXAONE 3.0' 오픈 소스로 공개. https://gptmagazine.net/gptai/325?fbclid=IwY2xjawEiSNNleHRuA2FlbQIxMQABHan-59DrP0S2uzzbpgiYgyo0djcROfeKdB5VxPZIOqcVq16e1271ES1mRA_aem_Op2Er_TpP9hL7L9P4-ygjA

SBS(2024.7.11). 폴더블 AI폰·손가락에 끼는 '갤럭시링' 파리서 첫선…반응은?. https://n.news.naver.com/article/055/0001171241

## 03
## 광고에 접목 가능한 인공지능 유형

우리가 언론에서 주로 접하는 챗GPT는 다양한 브랜드 중 하나일 뿐이다. 어떤 유형과 기능의 인공지능이 현실에 등장하고 있고 각각의 특성이 무엇인지와 이들 소프트웨어가 광고의 어느 영역에 접목 가능한지도 파악할 필요가 있다. 광고 마케팅의 모든 영역을 특정 소프트웨어가 커버할 수 있으면 더할 나위 없겠지만 광고 마케팅의 시장 규모가 특정 인공지능 업체가 전력투구할 정도의 매력적인 시장이 될 수 있는지는 미지수다.

## 광고 산업과 인공지능의 결합

AI를 활용한 광고가 국내에서도 확산 추세다. 광고 제작비가 30% 절약되고 제작 기간도 1/3로 단축되는 등 긍정적인 부분도 있는 반면 업계에서는 벌써 일자리가 사라질 수 있다는 우려가 현실화하고 있다. 미국에서는 이미 카피라이터들이 챗GPT에 의해서 대체되고 그 결과 직종에 따라서 실직 현상이 현실화하고 있고 저작권 문제와 부정확한 정보도 문제로 대두되고 있다(YTN, 2023.9.25).

얼마 전까지도 대부분의 사람들은 창의적이고 예술적 분야에 AI가 전적으로 투입되는 것은 불가능할 것으로 예측하였다. 그러나 실제 AI가 가장 먼저 개입된 분야가 창작 영역이었다는 건 아이러니하다. 미드저니나 스테이블 디퓨전 등의 이미지를 생성하는 AI 모델이 일반화하면서 AI 창작물들이 빠르게 등장하였다. 아울러 이미지를 생성하는 명령문인 AI 스크립트가 정교화되면서 작업물의 수준 또한 전문가들조차 판단이 안 될 정도로 진화되었다. AI를 통한 과정에 창의적인 사고와 정형화된 프로세스가 공존하고 순수예술과 다르게 일반 대중의 욕구를 신속하게 반영해야 하는 광고업의 특성과 AI의 사고 과정이 유사하다는 점에서 광고 전문가들 입장에서는 생성형 AI의 등장과 발전에 촉각을 곤두세울 수밖에 없다.

이처럼 기술과 산업이 융합되는 디지털 컨버전스(digital convergence), 즉 하나의 기기와 서비스에 모든 정보통신 기술을 묶은 새로운 융복합 시대에 접어들면서 광고 산업도 많은 변화가 이루어졌다. 특히 AI 기술까지 광고 산업과 결합하면서 창의적이고 효율적인 광고 전략도 가능해진 모습이다. IT 시장 분석과 컨설팅 기관인 IDC(International Data Corporation)에서 작성한 글로벌 AI 활용 가이드 보고서에 의하면 AI 기반 서비스 시장 규모가 미국에서만 2025년까지 1200억 달러(144경 원)를 돌파할 것으로 전망한다. 이러한 상황에 다수의 마케팅 전문가들도 기술을 적용한 마케팅을 광고 업계의 필연적인 모습으로 예측한다. 현재 다양한 광고 플랫폼은 AI를 활용해서 광고를 실시간으로 분석하고 최적화하는 데 사용된다. 이러한 추세는 온라인 광고는 물론이고 옥외광고까지 확대 적용되고 있다. 즉 글로벌 테크 기업들의 개인정보 침해 우려로 촉발된 쿠키리스(cookie-less) 정책은 AI를 활용한 옥외광고 효과 측정 기법으로 필수불가결 상태가 되고 있다. 애플은 2021년 4월부터 앱 추적 투명성 정책을 시행하며 사용자의 행태

정보를 수집하고 추적해 광고에 활용하는 것을 어렵게 만들었다. 여기에서 쿠키(cookie)라 함은 웹사이트에 접속할 때 자동으로 만들어지는 임시 파일로 이용자가 본 내용, 상품 구매 내역, 신용카드 번호, 아이디(ID), 비밀번호, IP 주소 등의 정보를 담은 일종의 정보 파일을 의미한다. 쿠키 폐지는 사용자의 개인정보를 보호할 수 있는 장점이 있지만 반대로 기업에겐 그만큼 신규 고객 유치가 어렵게 되었음을 의미한다. 사용자 데이터를 토대로 잠재 고객을 찾고 타깃 마케팅을 진행할 수 있던 환경이 사라지고 있는 것이다. 따라서 잠재 고객이 필요한 커머스 기업들은 쿠키리스 시대에 진입하면서 다른 방법을 찾을 수밖에 없다. 이들은 서로 다른 도메인에서 사용하는 쿠키를 의미하는 서드파티 쿠키(third-party cookie)를 이용하지 않으면서 사용자의 행동을 분석하는 방안을 내세운다. 대표 사례가 AI의 활용이다. 즉 온라인 뉴스의 내용과 문맥을 이해할 수 있는 AI 기술을 개발해서 사용자가 해당 내용의 뉴스를 보면 여기에 담긴 내용과 유사한 광고를 보여 주는 방식의 마케팅 기법을 적용하는 방법이다. 사용자 정보를 취합하는 것이 아니라 콘텐츠 정보를 취합하기 때문에 개인정보 침해 문제 소지가 이전보다 적어진다는 것이 사용자 관점에서 보면 개인정보 보호 차원에서 개선된 점이라고 할 수 있다. AI 기술을 활용해서 센서를 통해서 보행자를 인식하고 실시간 이를 분석하는 옥외광고 효과 측정 기법은 광고 앞을 지나가는 보행자들에 대한 데이터를 정량화한다. 즉 일전에 톰 크루즈가 출연한 영화 〈마이너리티 리포트(Minority Report)〉(2002)에서 등장한 옥외광고판을 연상하면 된다. 단순 유동 인구 파악이 아니라 생체 인식 기술 등을 접목해서 직접 시청 또는 주목한 인구, 그들의 성별 · 연령 측정까지 가능하기 때문에 옥외광고 효과 측정의 새로운 패러다임을 맞은 셈이다. 따라서 온라인 광고에 비교해서 변화에 소극적이었던 옥외광고에서도 과학적이고 정교한 데이터를 통한 접근과 분석은 효율성 증대와 함께 퍼포먼스 중심의 전략 수립과 합리적인 매체 선정, 예산 설정 방안으로 확대될 것으로 전망된다.

각종 광고 카탈로그와 전단지 · 광고판 등을 일상적으로 제작해야 하는 대기업들도 AI 광고 시스템 도입에 적극적이다. 한국어 광고 문구 분야는 한국 생성형 AI 모델이 주도하고 있다. 카카오브레인의 '코지피티(KoGPT)'와 네이버 '하이퍼클로바'가 대표적이다. 코지피티를 공개한 카카오브레인은 내부 개발자들이 내부 기술을 활용해서 핵심 키워드만 입력하면 광고 문구를 자동으로 생성하고 수만 개의 댓글을 종합적으로 반영해서 활용하는 서비스를 제공한다고 한다. 현대백화점은 네이버 초거대 AI 모델 하이퍼클로바 기반의 AI 카피라이팅 시스템 '루이스'를 도입하였다. 루이스는 현대백화점이 최근 3년 동안 사용했던 광고 문구, 판촉 행사 문구 등 1만여 건을 학습하고 새로운 광고 문구를 제작한다. CJ그룹은 AI 카피라이터를 도입해서 쇼핑 · 식음료 · 패션 · 물류 · 엔터테인먼트 부문 사업에 활용 중이다(한겨레, 2023.5.1).

## 통신 업체들의 변신과 생존경쟁

KT의 생성형 AI인 KT 에이센 클라우드(A'Cen Cloud)를 사례로, 24시간 상담 서비스를 진행하는 AI 컨택트 센터 광고를 제작하는 단계를 살펴보면 이해가 좀 더 용이하다. 먼저 챗GPT로 대본을 작성한 후 만들어진 대본을 바탕으로 젠2(GEN-2)로 영상화한다. 그다음 KT AI 보이스 스튜디오(Voice Studio)로 보이스를 생성하게 된다. 그리고 마지막 단계로 배경음악 프로그램인 KT AI 비지엠(BGM)으로 광고 영상을 제작해서 이미지 광고 제작을 마무리하게 된다. 이것은 KT의 사례이기 때문에 이들이 개발한 부문별 AI 프로그램을 사용했지만 사용자

마다 편리한 부문별 AI 프로그램을 활용하면 된다. KT의 사례에서 나타나듯이 국내 이동통신업체들도 미래 성장 동력으로 AI 사업에 집중하고 연구개발(R&D) 투자를 강화하는 등 핵심 역량을 집중하고 있다. SKT는 음성과 정신 질환 예측 · 진단 · 관리 AI 기술, 보이스피싱 · 스팸 탐지 AI 기능 고도화 등 다양한 AI 기반 기술 개발에 주력하고 있다. KT는 AI 등 신사업 분야 연구를 위해 만든 AI2X랩, AI 테크랩, AI 서비스랩, 서비스 테크랩 등의 AI 사업 확장을 위한 기술 경쟁력 강화를 적극 지원하고 있다. LGU+는 B2B 영역 사업 확장에 집중하고 있다(AI라이프경제, 2024.5.27). 기업이 오랫동안 생존하기 위해서는 이동통신업체의 사례에서처럼 사업 구조 개편이 필수다.

SK텔레콤(SKT)은 자사의 AI 비서 서비스 '에이닷(A.Dot)'을 대대적으로 개편하면서 챗GPT와 유사한 대화형 AI인 '퍼플렉서티(PPL, Perplexity)'를 포함한 최신 글로벌 언어 모델 7종을 동시에 사용할 수 있는 기능을 추가하였다. 기존에는 여러 언어 모델의 다양한 장점을 이용하기 위해서 각각 별도의 비용을 지불하거나 여러 서비스를 오가야 하는 번거로움이 있었지만 에이닷을 통해 한 번에 사용할 수 있게 되었다. 특히 에이닷을 통해

처음 도입된 퍼플렉서티는 한국어 특화 AI 검색을 개발 중이기 때문에 더 고도화된 AI 검색 서비스를 제공할 것으로 기대된다(GPT매거진, 2024.8.27).

이처럼 이동통신업체조차도 끊임없는 변신을 시도할 수밖에 없는 현재의 환경이다. 아날로그필름 코닥과 후지의 사례를 살펴보면 후지필름은 필름의 원재료인 젤라틴을 활용해서 화장품 사업으로의 전환을 시도해서 B2C 시장에서 생존하였다. 디지털카메라의 등장과 아날로그필름의 쇠퇴, 스마트폰 등장에 따른 디지털카메라의 쇠락, 대형 상영 극장과 멀티플렉스관의 등장과 부침, OTT 등장에 따른 멀티플렉스관의 몰락 등을 보면 시장의 변화와 소비자 니즈를 사전에 예측하지 못하고 변화를 주저할 경우 여지없이 시장에서 퇴출될 수 있음을 보게 된다.

## 인공지능이 광고 산업에 미치는 영향

최근 급격하게 발전하는 생성형 AI 기술은 다양한 산업 분야에서 혁신적인 변화를 불러일으키고 있고 창의적 영역이어서 늦게 적용되거나 어려울 것이라는 예상과 달리 광고 제작 분야에도 빠르게 확산되고 있다. 생성형 AI를 이용한 광고 제작의 장점은 창의적이고 혁신적인 콘텐츠 제작과 효율성 증대, 비용과 시간 절약, 빅데이터 기반 타기팅과 개인 맞춤형 광고가 가능하다는 것을 들 수 있다. 반면에 개인정보 보호와 보안 문제, 딥페이크, 어떤 문제의 해결을 위하여 입력된 자료를 기본으로 하여 원하는 출력을 유도하는 규칙 또는 공식이란 의미의 알고리즘(algorism) 불균형에 따른 편향된 메시지 생산과 전달 등 부정적인 부분도 상당히 공존한다.

구체적으로 생성형 AI를 이용한 광고 제작 과정의 긍정적인 영향과 부정적인 영향을 언급하면 다음과 같다. 먼저 긍정적인 영향 면에서 첫째는 창의성과 혁신을 촉진할 수 있다는 점이다. 즉 생성형 AI는 기존의 방식으로 상상할 수 없는 새로운 아이디어와 콘텐츠를 생성하도록 한다. 광고 산업에서는 창의성과 혁신이 핵심 요소다. 각 브랜드는 고객들에게 더 깊은 인상을 주기 위해서 끊임없이 새로운 아이디어와 콘텐츠가 필수인데 이러한 욕구를 충족해 줄 수 있다. 둘째는 비용과 시간 절약이다. 생성형 AI는 기존 방법으로는 시간이 많이 소모되는 관련 자료 수집 과정들을 AI가 담당해서 비용을 절약하고 작업 시간을 대폭 줄일 수 있다. 이러한 신속한 일련의 과정으로 최적화와 자원의 효율적 활용이 가능해지면서 브랜드가 시장 동향과 고객 요구에 적극 대응할 수 있다. 셋째로는 빅데이터 기반의 타기팅과 개인 맞춤형 광고 메시지 전달을 할 수 있다는 점이다. 생성형 AI는 빅데이터를 통해서 학습하고 그 속에서 패턴을 파악한 결과 사용자의 선호도와 감정 · 행동을 인식하고 해당 사용자에게 적합한 콘텐츠를 제공해 줌으로써 사용자 참여도 제고와 브랜드 전환을 유도할 수 있다. 넷째로는 광고 콘텐츠의 품질을 향상해 준다는 점이다. 심층 학습 알고리즘을 적용한 생성형 AI는 브랜드에 적합한 스타일과 톤으로 현실적인 이미지와 동영상 · 소리, 그리고 고품질의 콘텐츠를 만들 수 있고 다양한 콘텐츠를 변형할 수 있기 때문에 광고주로 하여금 테스트와 최적화 과정을 통해서 최선의 결과물을 선택할 수 있도록 한다. 그리고 마지막으로 생성형 AI는 사용자의 행동과 선호도에 적합한 융통성 있는 콘텐츠를 만들기 때문에 사용자들에게 상호작용적이고 몰입감 높은 경험을 제공한다. 따라서 개인 맞춤형 광고나 증강현실(AR, Augmented Reality), 가상현실(VR, Virtual Reality) 경험들을 제공함으로써 사용자의 참여도와 만족도 제고를 꾀할 수 있다. 여기에서 증강현실이란 현재 실제로 존재하는 사물이나 환경에 가상의 사물이나 환경을 덧입혀서 마치 실제로 존재하는 것처럼 보여 주는 컴퓨터 그래픽 기술 또는 그런 기술로 조성된 현실을 의미한다. 그리고 가상현실은 현실 세계와 비슷하게 만들어 내는 가상적인 3차원 공간 또는 실재하지 않는 환경을 현실인 듯이 체험시키는 기술을 의미한다.

부정적인 영향 면에서는 첫째로 개인정보와 보안 문제를 들 수 있다. 광고주는 고객들의 개인정보 보호 규정을 엄격하게 준수하고 개인정보를 보호해야 할 책임이 있다. 생성형 AI는 빅데이터에 의존하고 이 과정에서 개인정보 보호와 보안에 대한 우려 또는 해킹 염려가 상존하기 때문에 수집된 데이터를 익명화하고 윤리적으로도 투명하게 수집하고 처리해야 할 의무가 있다. 둘째로 광고주는 항상 딥페이크와 속임수, 차별적인 알고리즘 등과 같은 잠재적이고 윤리적 문제가 발생할 수 있음을 알아야 한다. 이러한 문제들은 부정적인 사용자 경험과 평판을 만들어 광고주 입장에서도 이미지 손상과 함께 법적 책임이 따를 수 있다. 그렇기 때문에 광고 제작에 대한 생성형 AI의 윤리적 사용을 유도하는 명확한 지침과 규정이 필수다. 셋째로는 문화적 다양성 포용의 한계를 들 수 있다. 즉 AI 학습 과정에서 AI를 학습시키는 빅테크 기업 대다수가 글로벌 기업이자 특정 국가 중심이다 보니 세계 모든 국가와 문화, 지역에 대한 이해가 부족하고 다소 무시하는 인식과 경향이 존재하는 것이 현실이다. 어떤 경우는 의도적으로 특정 국가 중심의 유리한 정보를 AI에게 학습시킴으로써 국가 간 지역 간 분쟁을 촉발할 수도 있다. 그리고 마지막으로 AI 알고리즘에 의도적 또는 비의도적 편향성이 존재한다는 점이다. 앞서 언급한 것처럼 AI는 학습자가 제공하는 정보에 의존하기 때문에 편향적이거나 오류 등이 담긴 부정확한 내용을 학습시킬 경우 일관적이지 않고 편향된 결과물을 생성하기도 한다. 그렇기 때문에 엄격하고 객관적, 공정한 내용의 학습이 필수적이다. 결국 제대로 된 결과물은 인간의 손에 달려 있으며 흔히 언급하는 '쓰레기 같은 거짓된 엉터리 정보를 주입시키면 쓰레기 같은 결과물을 얻게 된다(Garbage In, Garbage Out)'는 점을 개발자들은 명심해야 한다.

## 참고문헌


한겨레신문(2023.5.1). 광고 문구부터 광고판 위치까지… 광고업계 파고드는 인공지능. https://www.hani.co.kr/arti/economy/it/1090057.html

AI라이프경제(2024.5.27). 이동통신 3사, '탈통신' 선언 후 AI 컴퍼니 전환 가속화... R&D 투자 확대. https://www.aifnlife.co.kr/news/articleView.html?idxno=2

3357

GPT매거진(2024.8.27.). SK텔레콤 '에이닷', 지피티, 클로드 등 최신 언어 모델 7종 도입.
https://gptmagazine.net/gptai/334?fbclid=IwY2xjawE6IbJleHRuA2FlbQIxMQABHQI6H4bJpVTbJVsrdeP_5VGB_S0zv4S3VvEMQtpCqCawAaSkIkWqwHlxNA_aem_nzicNuHIskSRxBchmOGXkA

YTN뉴스(2023.9.25). AI 활용해 만든 광고 확산…"제작 기간 3분의 1로 줄어".
https://science.ytn.co.kr/program/view.php?mcd=0082&hcd&key=202309251132565351

## 04
## 해외에서의 광고와 인공지능

미디어의 융복합 시대에 접어들면서 산업과 기술이 접목되는 과정에서 광고 산업도 새로운 활로를 찾고 있다. 특히 광고 산업에 인공지능 기술이 연결되면서 이전보다 효율적이고 창의적인 광고 마케팅 전략이 가능해졌다. 유력 IT 컨설팅 업체에서 인공지능 기반 서비스로 한 시장 규모를 미국 내에서만 2025년까지 1200억 달러로 예측한다. 이러한 상황에서 많은 마케터들도 인공지능 기술을 활용한 광고 마케팅 전략 적용은 필수라고 언급한다.

## 인공지능의 파급력과 광고 적용 사례

글로벌 투자은행인 골드만삭스(Goldman Sachs)는 2035년까지 미국 전체 직업군의 약 50%가 AI로 전환될 수 있다고 전망한다. 변화가 비교적 빠른 IT 기업들은 이미 비사업부 부서부터 순차적으로 AI로 바뀌고 있는 것이 현실이다. 국내에서도 이메일, 자료 요약, 번역 등 AI로 대체할 수 있는 업무 영역이 확대되고 사용자들이 AI 프로그램에 명령어를 입력하는 것만으로도 이전보다 신속하게 원하는 제목과 이미지를 만들 수 있는 것이 현재 상황이다. 단순한 문답 정도가 아니라 AI를 활용하는 영역이 창의력 부문까지 진입하면서 직격탄을 맞은 분야가 광고 분야다. 최근에 많은 기업이 경쟁적 또는 시범적으로 AI만을 활용한 광고 제작에 나서고 있다. 아직은 AI로 만든 광고가 어색한 이미지를 연출하기도 하지만 장기적으로 전망할 때 광고는 AI가 전문가를 대체할 영역임이 분명해 보인다.

해외에서 AI로 제작한 광고로 대표적인 브랜드는 케첩 하인즈(Heinz), 코카콜라(Coca cola), 햄버거 하디스(Hardee's), 일본 녹차 기업 이토엔(Itoen) 등을 들 수 있다.

먼저 하인즈는 자신들의 브랜드 가치를 입증하기 위

해서 실험을 기획했는데 정체를 밝히지 않고 전 세계 소비자들에게 케첩을 그려 달라고 요청했다. 그런데 놀랍게도 많은 소비자들이 하인즈 케첩 병을 그렸고 이에 하인즈에서는 오픈AI가 만든 AI 달리2를 활용해서 똑같은 실험을 진행하였다. 달리2는 입력한 명령어를 바탕으로 그림을 그려 주는 생성형 AI인데 하인즈는 이러한 달리2에게 케첩과 르네상스라는 다소 엉뚱한 조합의 키워드를 입력해서 이미지를 요청하였다. 그 결과 놀랍게도 달리2가 내놓은 이미지와 답변은 무슨 키워드를 조합해서 입력해도 케첩은 하인즈라는 것이었다(브랜드 브리프, 2024.10.22). 이에 하인즈는 실험 과정에서 얻은 이미지를 바탕으로 AI 광고를 제작하였고 많은 사람들로부터 좋은 반응을 이끌어 냈다.

코카콜라는 '마스터피스'라는 제목의 AI 광고를 선보였는데 영상이 시작되면서 여기저기 앉아서 스케치 연습을 하는 미술학도들이 등장한다. 이때 한 그림에서 목각 인형이 팔을 쭉 뻗어 앤디 워홀의 작품 속의 콜라를 꺼내 다른 그림의 인물에게 건넨다. 이런 방식으로 다양한 작품을 거치다가 박물관에서 그림을 그리고 있던 미술학도에게 마지막으로 전달된다. 이 광고에서 주목해야 할 부분은 바로 코카콜라 병인데 다른 명화 작품들로 이동할 때마다 디자인이 달라지는 모습이다. 이를 위해서 코카콜라 측은 개발사 스터빌러티 AI(Stability AI)에서 오픈소스로 배포한, 텍스트를 이미지로 만들어 주는 AI 모델인 스테이블 디퓨전을 사용하였다. 대부분의 이미지 AI는 온라인에서만 서비스되는데 스테이블 디퓨전은 로컬 환경, 즉 개인 PC에 탑재되어 실행이 가능하다는 특성이 있다(패스트캠퍼스, 2024.2.27). 명화와 데이터를 딥러닝시켜서 해당 예술 작품의 고유한 스타일에 맞게 디자인을 변경해서 나름 호평을 이끌어 낸 사례라고 볼 수 있다.

하디스 역시 하인즈처럼 이미지 중심의 AI 소프트웨어 달리2를 이용해서 광고를 제작하였다. 하디스 측에서 달리에게 하디스에서 만든 햄버거 '슈퍼스타'를 그려 달라고 입력한 결과, 달리가 만든 이미지 결과물들은 상당히 조잡한 수준이었다. 하디스는 1만 번이나 반복해서 자세하게 버거 '슈퍼스타'에 대해서 이미지를 그려 달라고 달리에게 주문했지만 번번이 원하는 그림을 얻는 데 실패하였다. 하디스 측은 이 과정을 광고에 담으면서 그냥 우리 레스토랑에 와서 버거 '슈퍼스타'를 먹어 보라고 마지막 카피로 마무리한다(패스트캠퍼스, 2024.2.27). 결국 AI도 상상할 수 없는 버거라는 식의 역발상으로 광고를 한 셈인데 우리 속담에 꿈보다 해몽인 격이다.

일본 녹차 기업 이토엔은 자사 브랜드 '오이오차 카테킨 녹차' 리뉴얼에 따라 새로운 TV 광고를 개시하였다(조선일보, 2023.10.23). 광고 내용인즉, 한 중년 여성이 페트병에 든 녹차를 마시고 내려놓자 훨씬 젊어진 모습으로 변하는 것이다. 흰색 민소매 티를 입은 여성이 메인 모델인데 이 여성은 AI로 만들어진 가상 인간이다. 카메라를 응시하다가 옅은 미소를 짓는데 실제 인간처럼 어색한 느낌이 없다. AI는 가상 인간 모델이 들고 있는 이 녹차 신제품의 라벨도 디자인하였다. 회사에서 이미지 생성형 AI를 통해 12개의 라벨 디자인을 만든 뒤 인간 디자이너가 후보군을 추렸고 다시 AI의 평가를 받아 최종 라벨 디자인을 선택하였다. 보수적인 일본 사회에서 다소 충격적인 반응이 많았다고 한다. 특히 일본 광고계에서는 직업이 잠식당할 것이라는 우려 때문에 염려하는 분위기가 큰 편이었다고 한다.

이 외에도 누텔라(Nutella), 나이키(Nike), 스타벅스(Starbucks), 베엠베(BMW), 넷플릭스(Netflex) 등을 들 수 있다(AD Tech 스타트업, 2024.4.22).

초콜릿 헤이즐넛 스프레드 브랜드인 누텔라는 AI를 활용해서 누텔라 병에 부착할 700만 개의 고유 라벨을 생성하는 광고 캠페인을 전개하였다. 결국 이 과정에서 같은 디자인의 스페셜 에디션 병은 하나도 없었다. 이러한 강력한 광고 효과 덕분에 모든 병이 완판되는 결과를 가져왔다. 세상에 단 하나뿐인 제품을 소유하고 싶은 소비자들의 심리를 AI를 통해서 해결한 셈이다. 즉 각 패키지 디자인을 제작하는 과정에서 발생하는 추가 비용 없이 소비자들에겐 특별한 경험을 선사하고 그들의 욕구를 충족해 주면서 회사 입장에서는 수익을 극대화했다는 점에서 성공적인 AI 적용 사례라고 할 수 있다.

나이키는 AI를 활용해서 테니스 전설인 세리나 윌리엄스를 모델로 한 '진화를 멈춘 적이 없다(Never done evolving)'는 광고 캠페인을 전개하였다. 첫 그랜드 슬램을 달성했던 1999년부터 2017년 호주 오픈에서의 경기 모습까지 세리나의 모습을 AI로 합성해서 8분 분량의 동영상 광고를 제작하였다. 그런 다음 이를 나이키 창립 50주년인 시점에 그들의 의지를 홍보하는 수단으로 활용하였고 이를 유튜브에 라이브 스트리밍해서 구독자들에게 노출했다.

스타벅스는 고객에게 경험을 제공하고 현대 기술을 적용하는 차원에서 자체 AI이자 머신러닝 프로그램인 딥 브루(Deep Brew)를 개발하였다. 처음에는 모바일 앱에서 음료를 주문하는 고객에게 개인화된 추천을 제공하기 위해서 모바일 앱에서만 AI를 구현했지만 그 후로 오프라인 매장에도 적용하였다. 딥 브루는 음료 주문 변경 사항, 특정 위치의 피크 서비스 시간 등 방대한 양의 데이터를 수집 분석할 수 있도록 하였다.

베엠베는 자사의 승용차 모델을 예술과 접목해서 표현하였는데 2021년에 8시리즈인 그란쿠페 모델을 위한 새로운 캠페인을 제작하는 과정에서 AI가 생성한 예술작품을 승용차에 적용하였다. 일반적으로 고급 승용차는 고가의 고관여(high-involvement) 제품군으로 이성적 접근의 설득 메시지를 채택해야 함에도 승용차에 AI 아트를 적용함으로써 구구절절 설명 없이 타깃 고객에게 접근하였다.

넷플릭스는 AI 알고리즘과 머신러닝을 도입하였는데 그 예로 사용자에게 제공하는 개인화된 맞춤형 영화와 프로그램 추천을 들 수 있다. 사용자가 이전에 시청한 콘텐츠에 따라 홈 탭에 표시되는 영화나 프로그램 섬네일을 변경해서 개인화를 더욱 정교하게 만들었다.

## 진화하는 인공지능과 광고 플랫폼 경쟁

2024년 2월, 오픈AI에서는 텍스트를 최대 1분 분량의 영상으로 구현해 주는(text-to-video model) 새로운 AI 모델 '소라(Sora)'를 출시하였다. 이에 광고 · 영상업계, 특히 1분 내외 짧은 영상인 쇼트폼을 제작하는 업체는 직격탄을 맞을 것으로 예측된다. 소라는 여러 캐릭터와 특정 유형의 동작, 복잡한 장면 등을 포함해 최대 1분 길이의 영상을 신속하게 만들 수 있다. 우선 제한된 수의 창작자에게만 그 권한을 부여한다고 샘 올트먼(Sam Altman) 오픈AI 최고경영자가 밝혔지만 이러한 제한 조치는 점차 완화될 것으로 판단된다. 오픈AI 측에서는 영상을 생성하는 기존 다른 AI와 AI 소라의 차별 포인트로 실제 세계에 어떻게 사물이 존재하는지를 소라는 이해한다고 한다. 즉 소라는 언어에 대한 깊은 이해력을 보유하고 있기 때문에 지시 명령어(prompt)를 정확하게 해석하고 생생하게 감정을 표현할 줄 안다는 것이다. 예를 들면 한국의 석가탄신일 연등 행렬과 축제 모습이라는 지시 명령어를 입력하면 영상으로 취타대와 사물놀이패가 분위기를 돋우고 흰 코끼리 · 부처 · 연꽃등 · 동자승 등 다양한 장엄등과, 깃발과 10만여 개의 오색등이 물결을 이룬 모습의 동영상을 구현하는 방식이다. 이처럼 한두 줄의 짧은 텍스트를 바탕으로 구현되는 영상을 전문가조차 실제 촬영물과 분간하기 힘든 품질로 만들어 내는 소라의 능력에 대해서 광고·영상 업계에서는 당혹감을 보이며 긴장을 늦추지 않는 모습이다. 특히 단일 주제 영상 클립이나 광고에서 사용하는 쇼트폼 영상을 제작하는 업계에서는 대량 실직을 우려하고 동시에 드라마·영화 업계에서도 예상보다 빠른 AI 소라의 발전 속도로 결국 개방된 인터넷을 통해서 방송 프로그램, 영화 등 미디어 콘텐츠를 제공하는 서비스인 'OTT' 드라마와 영화 작업물도 조만간에 충분히 대체될 것으로 우려한다.

그러나 오픈AI의 소라 출시는 AI 빅테크 기업들과 창작자들 사이의 지적재산권 갈등 문제에 불을 붙일 것으로 판단된다. 오픈AI에서 소라를 학습하는 과정에서 얼마나 많은 기존 영상을 활용했는지 학습 과정에 대해선 일절 공개를 하지 않기 때문에 그 실상이 노출되는 순간 그 파장은 심각할 것으로 예측된다. 오픈AI 측에서는 ≪뉴욕타임스(New York Times)≫를 통해서 공개된 동영상만을 사용하고 저작권을 준수하고 있는 것으로 밝히고 있다. 아울러 극단적인 폭력과 성적인 내용, 유명 인사, 즉 인플루언서(influencer) 모방, 증오 이미지 등을 소라가 학습해서 생성하지 못하도록 장치하였다고 언급한다. 그리고 소라가 만든 영상에는 AI가 생성했다는 워터마크를 표기해서 오해가 없도록 했다고 강조한다. 벤

처캐피털 회사인 스라이브캐피털(Thrive Capital)은 주식 기준 기업 가치 평가에서 오픈AI의 기업 가치가 최소 800억 달러(106조8400억 원)라고 했다고 ≪뉴욕타임스≫는 보도하였다. 이는 틱톡의 모회사인 중국 바이트댄스(2250억 달러), 일론 머스크의 민간 우주기업 스페이스엑스(1500억 달러) 다음으로, 전 세계 비상장 기업 3위에 랭크된 셈이다(한겨레신문, 2024.2.19).

AI 기반의 대표적 광고 플랫폼을 살펴보면 디즈니의 매직워드(MagicWords), 미국 컴퓨터 소프트웨어 회사인 어도비(Adobe)의 젠스튜디오(GenStudio), NBC유니버설의 감정 반응 광고 등을 들 수 있다(AI 인사이트, 2024.4.2). 먼저 디즈니의 매직워드는 AI를 활용해서 스트리밍(streaming) 광고를 혁신적으로 변화시켰다. 여기에서 스트리밍이란 물이 흐르듯 연속되어 끊이지 않고 흐르는 것으로 인터넷 기반에서 데이터가 끊이지 않고 실시간으로 전달되는 것을 의미한다. 다운로드와 다른 점은 콘텐츠가 소비자의 단말기에 저장될 필요 없이 압축된 데이터가 실시간으로 풀리면서 일시적인 메모리에 잠시 저장되었다가 스트리밍 과정이 종료되면 바로 사라진다. 즉 다운로드는 데이터를 다 받은 상태에서 재생하는 것이고 스트리밍은 실시간으로 받으면서 음성이나 영상을 재생하는 것으로, 유튜브를 연상하면 이해하기 쉽다. 이처럼 디즈니는 그들의 스트리밍 플랫폼인 디즈니플러스와 OTT 서비스를 제공하는 자회사 훌루(Hulu)에 삽입되는 광고를 제작하기 위해서 매직워드라는 AI 기반 광고 도구를 개발하였다. 이 광고 도구는 AI와 기계학습을 활용해서 영화와 TV 프로그램 안의 장면을 분석해서 각종 콘텐츠와 브랜드 · 이미지 · 분위기 등의 요소를 식별하고 이를 바탕으로 누적된 메타데이터(metadata)를 활용해서 특정 콘텍스트와 감정적 톤에 맞는 광고를 제작하게 된다. 여기에서 메타데이터란 동영상 · 소리 · 문서 등과 같이 실제로 존재하거나 사용할 수 있는 데이터는 아니지만 이러한 실제 데이터와 직접적 또는 간접적으로 연관된 정보를 제공해 주는 데이터를 말한다. 쉬운 예로 영화를 보려고 DVD 타이틀을 구매하였을 때 포장에 붙어 있는 제목 · 상영 시간 · 등급 · 제작사 · 감독 · 줄거리 등에 관한 정보를 의미한다고 보면 된다.

어도비 젠스튜디오는 AI 알고리즘을 이용해서 실시간으로 적응하고 최적화할 수 있는 동적인 광고 캠페인을 제작하는 데 도움을 준다. 즉 사용자로 하여금 브랜드에 일치하는 콘텐츠를 생성할 수 있게 하고 캠페인 목표와 대상 고객, 제품 속성 등 다양한 매개변수를 고려해서 자동화된다는 것이 그 특징이다. 그리고 사용자가 승인된 콘텐츠에 쉽게 접근할 수 있도록 중앙 집중식 콘텐츠 허브 역할을 하기 때문에 사용자 입장에선 필요한 콘텐츠를 찾고 검색하는 데 용이하다. 그 결과 다양한 캠페인에 재사용 또는 수정이 자유롭다. 또 마케팅 캠페인을 계획하고 관리하는 데 필요한 기능을 제공함은 물론 사용자가 캠페인과 콘텐츠 성능을 평가하고 최적화할 수 있고 분석할 수 있는 다양한 인사이트를 제공한다.

NBC유니버설의 감정 반응 광고는 고객들의 콘텐츠에 대한 반응을 분석하고 감정적 반응을 토대로 효과적인 광고를 제작하기 위한 AI 알고리즘을 제공한다. AI 기반 광고 플랫폼의 핵심적인 특징을 살펴보면 첫째, 실시간 TV와 스트리밍 서비스를 통합해서 광고주에게 통합 광고 기법을 제공한다는 것이다. 즉 이 기법을 통해서 광고주가 여러 플랫폼에서 광고를 구매할 때 프로그램과 광고 시간대 등이 중복될 염려가 없다. 둘째, AI와 데이터 분석 기능을 활용해서 광고주의 특정 시청 그룹을 타기팅하고 그 효과를 최대한 끌어올릴 수 있다는 것이다. 셋째, 시청자들의 감정을 판단해서 광고 제작과 전달이 가능하기 때문에 개인화된 맞춤형 광고 콘텐츠를 만든다는 것이다. 이는 결국 브랜드와 소비자 간의 감정적 유대 관계를 높일 수 있다. 넷째, 누적된 데이터를 토대로 실시간으로 측정, 분석이 가능하도록 설계되어 있다는 것이다. 이 때문에 광고 캠페인 효과를 최적화할 수 있음을 제시한다.

## 참고문헌


브랜드 브리프(2024.10.22). AI 광고 어디까지 왔나… 2024 칸 라이언즈 수상작으로 본 'AI 활용법'. https://www.brandbrief.co.kr/news/articleView.html?idxno=7073

조선일보(2023.10.23). "저 사람 누구?" 日 TV 녹차 광고 단발 머리 여성의 정체, 알고보니. https://www.chosun.com/international/japan/2023/10/23/FEVLWG4X2FDO3GZL2Z4CK5WLWQ/

패스트캠퍼스(2024.2.27). AI가 만든 광고, 여기 다 모였다!. https://media.fastcampus.co.kr/knowledge/aiad1/

한겨레신문(2024.2.19). 쓰면 영상 되는 '소라' 출시에 광고·영상 업계 "우리 다 죽었다". https://www.hani.co.kr/arti/economy/it/1128768.html

AD Tech 스타트업(2024.4.22). 글로벌 기업들의 AI 광고 사례. https://blog.naver.com/addd2018/223423573522

AI 인사이트(2024.4.2). 생성형 AI가 바꾸는 광고의 미래! 영향 분석 및 최신 동향. https://fornewchallenge.tistory.com/entry/%EC%83%9D%EC%84%B1%ED%98%95-AI%EA%B0%80-%EB%B0%94

%EA%BE%B8%EB%8A%94-%EA%B4%91%EA%B3%A0
%EC%9D%98-%EB%AF%B8%EB%9E%98-%EC%98%81
%ED%96%A5-%EB%B6%84%EC%84%9D-%EB%B0%8F
-%EC%B5%9C%EC%8B%A0-%EB%8F%99%ED%96%A5

## 05
## 국내에서의 광고와 인공지능

인공지능 기술을 활용한 광고 마케팅 기법이 우리나라는 미국이나 선진국보다는 아직 뒤지는 편이다. 하지만 특정 광고주와 선두 주자 격인 일부 광고 회사에서 기술 활용을 시도하고 실제 광고 제작까지 이루어지고 있다. 다만 새로운 시도에 만족할 수는 없는 상태라고 판단된다. 핵심 과제인 마케팅 상황 속에서 겪고 있는 광고주의 문제점을 해결하기엔 아직 미흡한 수준이다.

## 인공지능 광고 제작 사례

국내에서 AI로만 제작한 최초의 광고로 언급되는 것이 삼성생명 이미지 광고라고 할 수 있다. 이를 제작한 제일기획은 세 가지 관점에서 의의를 두고 있다. 첫째, 방대한 양의 자료를 토대로 결괏값을 산출하는 AI의 특성상 특정 개념에 대한 일반 대중의 인식을 한눈에 쉽게 식별할 수 있었다는 점이다. 캠페인 시안을 구상하는 단계에서 일반인들이 보험 하면 인식되는 것을 스크립트에 입력한 결과 부정적이고 어두운 이미지가 AI에 의해서 생성되는 것을 알게 되었고 긍정적인 이미지로 스크립트에서 명확하게 주문하도록 한 것이다. 둘째, 보험이라는 추상적인 상품을 시각화해서 소비자와의 정서적 간극을 좁힐 수 있었다는 점이다. 일반 대중이 공감할 수 있는 긍정적인 비주얼 요소를 명확하게 표현해야 보험사가 추구하는 철학과 고객이 추구하는 미래에 대한 구체적인 청사진을 제시할 수 있었다는 점이다. 셋째, 보수적인 이미지의 보험사가 AI라는 새로운 기술로 광고를 시도한 점에서 긍정적인 결과를 얻었다는 점이다(제일기획, 2023.7.25). 그러나 이러한 자체 평가에도 불구하고 난점은 AI를 통해 20대 동양 여성을 생성하는 것은 어렵지 않았지만 스크립트를 아무리 구체화해도 고령의 한국의 전형적인 할머니 모델을 구현하지 못했다는 점이다. 이는 결국 데이터 입력과 AI 학습 과정의 한계를 드러낸 것이다. 정보의 제국주의와 왜곡 또는 가스라이팅(gas lighting)까지 우려할 수 있는 사항이다. 여기에서 가스라이팅이라 함은 상황 조작을 통해 타인의 마음에 자신에 대한 의심을 불러일으켜 현실감과 판단력을 잃게 만드는 것을 의미한다. 이는 결국 그 사람을 정신적으로 황폐화하고 그 사람에게 지배력을 행사하여 궁극적으로 그 사람을 자신의 의도대로 만들거나 파국으로 몰아가게 된다. 삼성생명 이미지 광고를 제작하는 과정에서 드러난 또 하나의 문제점은 AI가 수집하는 이미지 자료가 어떤 유형의 AI 프로그램을 사용하느냐에 따라서 편차가 크다는 점이다. 즉 미드저니가 제시한 미래에 대한 키워드 결과물은 지나치게 디스토피아적이고, 달리가 제시한 이미지는 너무 동화적인 이미지라는 것이다. 결국 AI 프로그램 제작 업체에서 제공된 것에 추가적인 재학습을 사용자 환경과 문화 · 정서에 맞게 보완해 나가는 과정이 필요하다.

AI가 광고 마케팅 영역에서 현재 적용되는 수준은 질적으로 뛰어나다고 평가하기엔 어렵겠지만 다양한 시도를 하고 있다는 점에서는 고무적이다. 단순 카피 라이팅

부터 광고 소재 채택까지 다양한 제작 시도가 이루어지고 있다. 유튜브에서 한때 높은 조회 수를 기록했던 일종의 커버(cover) 곡 음원으로, 국내 가수 정인이 부른 〈오르막길〉을 사망한 퀸(Queen)의 리드 보컬 프레디 머큐리(Freddie Mercury)가 우리 말 가사로 부른 것이나 뉴진스(NewJeans)의 〈하입 보이(Hype Boy)〉를 브루노 마스(Bruno Mars) 목소리로 AI를 활용해서 만든 것을 들 수 있다. 여기서 커버 곡은 음악 분야에서 다른 사람이 발표한 곡을 또 다른 전문 음악가나 아마추어가 자신의 의도를 반영해 음악적 기법을 활용해 재연주 또는 재가창하는 것을 의미한다. 이처럼 음악을 단순히 커버하는 재미를 넘어서, AI를 활용해서 맥주 브랜드 카스 공식 홈페이지에서는 입장한 사용자가 축하할 대상에 맞춰 파티 · 졸업 · 이사 · 공채 등 시즌별 이슈 네 가지 영상 템플릿 중에서 원하는 템플릿을 직접 선택하고 축하 문구를 입력하도록 하였다. 그러면 노래 〈밤양갱〉을 부른 가수 비비의 목소리로 축하해 주는 오비 맥주가 선보인 '축카스(ChuCASS)' 캠페인을 AI 커버 방식으로 응용해서 활용한 대표적 캠페인이라고 할 수 있다. 즉 과거에 한때 온라인에서 유행했던 사용자가 직접 광고에 등장하는 참여형 인터랙티브 광고(interactive AD)를 AI를 통해서 좀 더 발전시킨 버전이라고 볼 수 있다.

이제 단순 카피 작성을 넘어서 AI가 콘티(continuity)까지 제작하고 있다. 콘티란 영화나 드라마, 광고 촬영을 위해서 필요한 모든 사항을 기록하는 세부적인 각본으로 콘티에는 장면 번호, 화면 크기, 촬영 각도와 위치, 심지어 의상, 소품, 대사, 액션 모습까지 묘사한다. 이러한 콘티까지 제작한 사례로는 닭 가슴살 브랜드 '아임닭'을 들 수 있다. 이 브랜드는 말 그대로 국내 최초로 자취생, 아이 엄마, 직장인을 마케팅 소구 대상층으로 하여 AI에게 재미있게 콘티를 써 달라고 요청한 후 AI가 써 준 대로 광고를 만들어 기발한 에피소드로 재미를 주었다.

AI가 가장 혁신적으로 바꿔 놓은 생태계는 검색 분야다. 챗GPT 공개 이후 구글, 네이버 등 대형 검색 플랫폼들이 자체적인 AI 검색 시스템을 경쟁적으로 시장에 출시하고 있다. 구글의 제미나이(Gemini)와 네이버의 큐(Cue) 서비스 모두 대화하듯이 채팅 형식으로 최신 정보를 검색할 수 있다. 네이버는 여기서 한 걸음 더 나아가 구매 가능성이 높은 잠재 고객의 질문에 챗봇 형태로 대화를 나누는 상품을 출시하였다. 거기에다 구체적인 궁금증까지 해결해 주면서 적합한 브랜드 추천과 구매까지 유도하는 방식의 생성형 AI를 기반으로 한 광고 상품

'클로바 포 애드(CLOVA for AD)'를 선보였다. 이 과정에서 네이버는 나이키 브랜드의 사례를 접목했는데 네이버에서 나이키를 검색하면 브랜드 광고 영역 하단에 나이키 러닝화를 추천해 달라는 추가 질문 버튼이 나타날 수 있도록 하였다. 특정 브랜드를 검색하면 챗봇 형태의 브랜드챗 페이지로 연결되어 즉석에서 브랜드와 제품에 대한 상세한 정보를 확인하게 하고 고객의 관심사에 적합한 브랜드 추천과 구매로 유도하는 상품인 셈이다. 아울러 네이버는 '스마트한 브랜드 매니저'라는 새로운 광고 상품을 출시하였다. 단순하게 특정 기업이 보유한 상품 이미지와 정보를 제공하는 것을 넘어서 해당 브랜드의 말투를 학습시켜서 브랜드가 직접 고객을 응대하고 구매를 유도하는 상품 추천 타이밍을 상세하게 설정할 수 있도록 하였다. 즉 고객이 오프라인 매장에서 브랜드 매니저를 직접 대면해서 상담할 수 있는 브랜드 체험 마케팅 기법을 온라인에서 가능하도록 하였다.

온라인 쇼핑몰 11번가는 자사 프로모션인 '지금, 바캉스를 준비할 때'를 미드저니를 활용한 이미지로 만들었다. 창고 대개방 행사 때도 AI로 만든 이미지를 활용하였고 프로모션 외에도 다양한 이미지를 AI로 제작하고 있다. 일반적으로 원하는 이미지를 얻을 때까지 수정 명령어를 입력하였다. 그 결과 만들어진 이미지에 디자이너들의 후속 작업을 거치는데 지속적인 학습 과정을 거친다면 디자이너들의 개입 없이 생성형 AI가 전적으로 담당하게 될 것으로 판단된다.

배스킨라빈스는 챗GPT를 활용해서 동화 콘셉트의 광고 두 편을 제작하였다. 스토리는 평범했지만 챗GPT로 시나리오를 작성했다는 점이 특이점이다. 특히 인기 캐릭터 '산리오'와 협업한 결과 한때 구글 기준 '챗GPT 마케팅'이란 키워드 검색량 중에서 배스킨라빈스가 높은 비중을 차지했고 그 결과 배스킨라빈스로 인해 SPC그룹 전체 브랜드 이미지가 상승하는 긍정적인 효과를 얻었다.

약 17만 명의 폴로어(follower)를 거느린 버추얼 인플루언서 로지(Rozy), 롯데홈쇼핑 쇼호스트 루시, SSG닷컴 쇼호스트 와이티 등 버추얼 모델이 몇 년 전부터 등장하더니 이젠 생성형 AI 기술을 이용해서 AI 모델을 제공하는 전문 업체까지 등장하고 있다. 이런 기술을 활용하면 실제 모델을 섭외할 때보다 매우 저렴한 가격으로 광고를 제작할 수 있는 장점이 있다. 이처럼 가상 모델을 포함한 가상 인간은 이미 우리의 삶 속에 깊이 들어와서 적용되고 있다. 얼마 전엔 국내 주류업계 최초로 AI 모델을 활용한 소주 광고가 나오기도 하였다. 금복주는 AI 모델을 활용해 과당 제로 제품인 '제로투(Zero 2)' 소주 광고를 제작하였다. AI 모델의 이름은 '로미'로 제로의 '로'와 아름다울 '미'를 결합해 지은 이름이라고 한다(세계일보, 2024.6.29).

## 인공지능의 활용 영역 확장

광고계 외에 가요계에서도 다양한 시도가 나타나고 있고 이런 현상은 전 산업계에 확산될 것으로 전망된다. SM엔터테인먼트 소속 걸그룹 에스파(aespa) 콘서트에 깜짝 신인이 등장했는데 다름 아닌 버추얼 아티스트인 나이비스(nævis)였다. SM엔터는 조만간 선보이는 솔로 아티스트 라인업에 나이비스 이름까지 올린 상태다. 게다가 게임 업체인 넷마블과 카카오엔터테인먼트가 합작해 만든 버추얼 아이돌 걸그룹 '메이브'는 성공 가능성을 보여 줬다는 평을 받고 유튜브에서 단일 영상으로 2850만 회가 넘는 조회수를 기록하기도 하였다(헤럴드경제, 2024.7.8). 이처럼 가요계도 버추얼 아티스트가 실제 아티스트와 경쟁할 날이 머지않아 보인다.

앞으로 AI 기술이 발달할수록 더욱 활용 폭이 확대될 것으로 예측되지만 부정적인 여론도 동시에 존재한다.

가상 인간이 일반화되면서 지금보다 더 많은 인권 침해나 성범죄 등 다양한 사회적 문제가 발생할 것으로 보인다. 그럼에도 대기업까지 본격적이고 적극적으로 가상 인간을 활용하고 있다. 가상 인간의 적용 영역이 무궁무진하다고 판단한 까닭이다. 현재 가상 인간의 활용 범위는 인플루언서와 모델이 대표적이다. 농협에서는 은행원으로 채용하고, 24시간 상담 업무를 해야 하는 통신사 등에서는 많은 고객 응대와 상담 업무, 피트니스 코칭 업무 등에 적극 활용하고 있다. 이 외에도 네이버웹툰은 유명 가상 인플루언서 로지를 개발한 회사 로커스의 지분 50%를 매입하면서 회사를 인수하고 로커스의 기술력을 활용해서 애니메이션을 제작하기도 하였다. 이를 통해 추후에도 웹툰이나 광고 · 영화 등 영상 부문까지 사업 영역을 확대한다는 계획이다. SK 산하 투자 전문기업이자 그룹의 중간 지주회사 역할을 맡고 있는 SK스퀘어는 가상 인간 최초로 실시간 반응이 가능한 수아 개발사인 온마인드에 80억 원을 투자하면서 지분 40%를 인수하였다. 그러면서 SK텔레콤은 광고 모델로 수아를 채택하고 SK가 가진 다양한 플랫폼에서 콘텐츠 제작 등으로 다양하게 활용을 할 것으로 보인다. SK스퀘어에서 현재 운영 중인 3차원 가상 세계에서는 사용자들이 자신의 역할을 대신하는 가상 인물이나 분신(avatar)을 통해 서로 교류하고 사회 · 경제 · 문화적 활동을 하고 있다. 가상 세계와 현실 세계의 경계가 허물어짐을 의미하는 메타버스(Metaverse) '이프랜드'와 접목해서 더욱 실감 나는 아바타를 만들거나 셀럽으로 활용할 계획이다. 첫사랑 시뮬레이션 게임 '포커스 온 유(Focus on You)'에 처음 등장한 가상 인간 한유아는 엔터테인먼트 기업 하이브(HYBE)와 와이지(YG)의 관심 속에 높은 인지도를 기록하고 있다. 특히 하이브는 한유아를 개발한 자이언트스텝에 40억 원 규모의 투자 유치를 진행하였고, YG는 한유아와 전속 계약을 맺고 음원 발매와 광고 · 공연까지 활동을 전개할 것으로 보인다. LG는 소비자 전자제품 박람회인 CES(Consumer Electronics Show)에서 자체적으로 개발한 가상 인간 래아를 등장시켰는데 래아는 연사로 직접 참여함은 물론 LG전자 신제품을 소개하기도 하였다. 그녀는 음악을 만드는 인플루언서로서 향후 작곡가 윤종신의 운영회사 미스틱스토리와 음반 공동 작업을 진행한다는 계획이다(캐치, 2022.2.23). 다른 대기업의 가상 인간과 다르게 래아는 LG에서 자체 개발한 LG를 대표하는 모델로 다양한 활동을 할 것으로 예측된다.

이처럼 AI 이용 고객 입장에서는 가상 인간 활용이 실제 모델을 고용할 때보다 시간과 비용을 줄이고 맞춤형 광고 이미지를 만들 수 있어서 만족감이 높은 것으로 나타난다. 여기에는 모델 계약금을 절감하는 것은 물론이고 촬영 현장 직원 인건비와 편집 비용 등 추가로 발생하는 비용도 실제 모델을 대상으로 할 때보다 훨씬 감소할 수 있다는 장점도 크게 작용한다. 게다가 최근 마약 연루 사건, 음주 교통사고, 학창 시절 폭력 사건 등 각종 스캔들에 연루되어 중도 하차하거나 구속되는 등 유명 연예인들의 일탈이 광고주와 브랜드 이미지에 커다란 손실을 입히는 불상사를 방지하는 차원에서도 적극 검토되고 있다. AI는 딥러닝 기술을 이용해서 텍스트와 이미지 등 기존 콘텐츠의 방대한 패턴을 학습시킨 후 새로운 콘텐츠를 만들어 낸다. 따라서 AI 모델 역시 실제 광고 모델의 이미지에서 학습된 여러 데이터를 기초로 AI에 의해서 만들어진 가상 인물이다. 최근엔 AI 기술이 혁신적으로 발전하면서 실제 인간과 구분이 안 될 정도로 정교해지고 있다. 크몽이라는 프리랜서 마켓 플랫폼에 등록된 AI 모델 제작 업체 수가 약 220개에 달한다고 한다. 이 업체들은 고객이 원하는 조건과 상품에 맞춰 실제 인간과 동일한 광고 이미지를 제작해 준다. 패션 · 화장품 · 전자기기 등 전혀 다른 업종도 서비스 가능하다고 한다(한국경제, 2024.5.28). 그 업체들은 AI 모델은 실존 인물이 아니기 때문에 초상권 문제에서 자유롭다지만 현재 벌어지고 있는 오픈AI의 챗GPT 프로그램의 음성과 유명 배우 스칼릿 조핸슨(Scarlett Johansson)의 사례에서 보듯이 발생할 수 있는 부작용을 보면 그리 낙관적인 것만은 아니다. 즉 유명 연예인이나 인플루언서 얼굴이나 음성 · 모습 등이 AI 학습에 활용되기 때문에 초상권이나 생체 인식 정보 차원에서 문제가 제기된다. 또한 제품에 대한 허위 · 과장 · 과대 광고 등의 시비에 휘말릴 수 있다. 그래서 이러한 문제를 방지하기 위해서 AI를 통해서 생성된 이미지 등 각종 콘텐츠에 의무적으로 AI라는 사실을 명기하도록 하는 콘텐츠 산업진흥법 개정이 추진되고 있지만 아직 완전한 법제화는 안 된 상태다. 이미 유럽연합(EU)에서는 AI 여부를 반드시 표기하도록 규제가 법으로 명문화되어 있고 미국도 행정명령으로 의무화한 상태다. 결국 이처럼 AI 기술 발전 속도는 하루가 다르게 혁신적으로 변화하고 기술이 산업에 적용되는 속도도 빠르기 때문에 정부는 선제적 사전 대응은 불가능하더라도 법적, 제도적 후속 조치를 가능한 범위에서 신속하게 마련해야 한다.

최근 광고는 물론이고 영화 · 드라마 등 여러 콘텐츠에는 AI 기술로 인물을 모방하거나 목소리 합성을 통해 대사를 말하는 기술이 적극 활용되고 있다. 대중문화계에서 활용되는 AI 기술은 실체 여부에 따라 두 가지로 나뉜다. 실체가 있는 경우 딥페이크와 디에이징(de-aging), 즉 현시점보다 나이를 어려 보이게 하는 컴퓨터 그래픽 기술을 활용해서 이미지 · 음성 등을 만들어 콘텐츠에 활용할 수 있다. AI가 딥페이크 방식으로 배우의 젊은 시절 얼굴과 표정을 만들어 낸 후 미세하게 바꿔 최종 결과물을 완성하기도 한다. KB라이프생명 광고에서 배우 윤여정은 20대 모습으로 등장하였다. 젊은 시절 작품을 토대로 AI 딥러닝에 사용할 얼굴 데이터의 특징을 분석해 유사성을 산출했고 20대처럼 보이도록 이미지나 영상을 조절하는 디에이징 기술을 접목하였다. 최근 서울우유 광고에 등장한, 〈이상한 변호사 우영우〉로 출연했던 배우 박은빈의 어린 시절 모습은 실제 박은빈의 어린 시절 사진을 AI로 학습시켜 구현한 것이다. OTT 디즈니+시리즈 〈카지노〉는 60대 최민식이 연기한 차무식의 30대 시절 모습을 AI와 디에이징 기술로 표현하기도 하였다. 이제는 AI가 일부 장면을 넘어서 영화 전편도 제작한다. 국내 스타트업 스튜디오 프리윌루전의 AI 영화

〈원 모어 펌킨(One more pumpkin)〉이 최근 아랍 두바이에서 열린 제1회 AI 영화제(AIFF)에서 대상을 받았다. 각국에서 500여 편이 출품될 만큼 열기가 뜨거웠는데 제작에 단 5일이 걸렸고 모든 장면 · 음성은 실사 촬영과 CG 보정 없이 오픈AI의 생성형 AI 소라로 만들었다고 한다(아시아경제, 2024.7.1). 따라서 앞으로 AI기술을 보다 적극적으로 연구 개발하면 다양한 AI 콘텐츠가 제작될 것으로 전망된다.

### 참고문헌


세계일보(2024.6.29). “이효리, 한예슬, 송가인 다음은 나?”… 소주 모델 당당히 꿰찬 그녀는?. https://n.news.naver.com/article/022/0003946094?cds=news_my

아시아경제(2024.7.1). 배우 없이 5일만에 영화 한편 뚝딱…진짜 연예인들이 사라진다[대중문화 덮친 AI] https://n.news.naver.com/article/277/0005438780?cds=news_my

제일기획 제일매거진(2023.7.25). AI로만 만든 최초의 광고, 삼성생명 브랜드 캠페인. https://magazine.cheil.com/53684

한국경제신문(2024.5.28.). “아무리 비싸도 50만원이면 돼요” SNS 광고 모델의 실체. https://www.hankyung.com/article/2024052760057

캐치(2022.2.23). 라면광고도 찍은 AI... 대기업이 선택한 가상인간은?.

https://www.catch.co.kr/News/RecruitNews/295864

헤럴드경제(2024.7.8). “에스파 옆에 저 여자 누구야?” ‘소름’ ‘충격’ 쏟아졌다.
https://n.news.naver.com/article/016/0002332677?cds=news_my

## 06
# 인공지능에 필요한 학습 영역

딥러닝(Deep Learning), 즉 컴퓨터가 많은 데이터를 분류하고 같은 집합들끼리 조합하고 상하의 관계를 파악하는 기술이라는 것 정도는 많이들 알고 있다. 그러나 딥러닝은 기계학습의 한 분야일 뿐이다. 우리가 알아야 할 기계학습에 어떤 다양한 영역이 존재하는지 알아야만 인공지능이 복잡다단한, 대자본과 대규모의 전문 인력과 기술력이 필요하다는 것을 인지하게 된다.

## 과소평가된 인공지능 능력

페이스북 모회사 메타의 AI 책임자는 챗GPT와 같은 생성형 AI 제품을 구동하는 LLM(Large Language Model)이 인간 지능에는 이르지 못할 것이라는 견해를 밝혔다. AI 기술을 개척한 공로를 인정받아 2019년 컴퓨터 과학 분야의 노벨상으로 불리는 튜링상을 공동 수상한 메타의 AI 수석 과학자인 얀 르쾽(Yann LeCun)이 ≪파이낸셜타임스(FT)≫와의 인터뷰에서 LLM은 결코 인간처럼 추론하고 계획하는 능력을 달성하지 못할 것으로 전망한 것이다. 이에 따라 기계 장치들에서 '초지능(super- intelligence)'을 만들어 내기 위한 급진적인 방식의 대안에 집중한다고 전했다. 그는 LLM에 대해 논리에 대한 이해가 매우 제한적이며 물리적 세계를 이해하지 못하고 기억의 지속성도 부족하다고 주장한다. 그리고 용어에 관한 합리적 정의를 추론할 수도, 계층적으로(hierarchically) 계획할 수 없다고 언급한다. 또한 그는 고급 LLM에 의존해서 인간 수준의 지능을 만드는 것에 반대하고 이러한 모델들은 올바른 학습 데이터가 제공되어야 정확하게 응답할 수 있어 본질적으로 안전하지 않다고 주장한다. 대신 인간 수준의 지능을 갖춘 기계들을 구동할 완전히 새로운 세대의 AI 시스템 개발에 몰두하지만 이런 비전을 달성하는 데는 10여 년이 걸릴 수 있다고 예측한다. 오픈AI의 CEO 샘 올트먼(Sam Altman)과 같은 인물들은 사람과 유사한 수준 또는 그 이상의 지능을 갖춘 AI인 범용인공지능(AGI)을 만드는 데 LLM이 중요한 단계를 제공할 것으로 확신한다. 그에 반해서 르쿵은 LLM의 진화는 피상적이고 제한적이라며 AI가 사람처럼 유기적으로 결론을 내리는 것이 아니라 인간 엔지니어들이 해당 정보에 대해 교육하기 위해 개입할 때만 모델을 학습한다고 언급한다. 그는 AI가 대부분의 사람에게는 확실히 추론적으로 보이나 대체로 많은 학습 데이터에서 축적된 지식을 활용하는 것이라면서 그러한 한계에도 불구하고 LLM은 매우 유용하다고 덧붙였다. 그는 현재 메타 자체 AI 연구소인 페어(FAIR, Fundamental AI Research)에서 약 500명으로 이뤄진 팀을 이끌고 있으며 메타는 MS가 지원하는 오픈AI, 구글을 포함하는 경쟁자와 경쟁하기 위해서 자체 LLM 개발에 수십억 달러를 투입하고 있다(연합뉴스, 2024.5.23).

## 인공지능 학습과 인간 지능

국내에서 한 AI 연구 전문가가 챗GPT에게 인간이 지닌 지능에 대해서 물어본 결과가 SNS상에 공개되었다. 인간 스스로도 잘 모르는 지능이 50여 가지로 구분되어 있다는 것이 놀랍고 이것을 AI가 학습하고 일목요연하게 답변한다는 것이 더욱 놀랍다. 또한 인간 지능(HI, Human Intelligence)에 대해서 다방면으로 학습시켜야 되는 영역이 많다는 점과 이를 부문별로 학습시키는 수많은 전문 인력이 존재해야 한다는 점도 마찬가지다. 그 과정에서 어떤 학습을 어떻게 시키는가에 따라서 AI 성능과 품질이 판가름될 것으로 예측해 볼 수 있다.

챗GPT가 50여 가지를 열거했다는 인간 지능의 주요 항목을 살펴보면, 우선 논증력을 의미하는 추론 능력(Reasoning Skills)으로 논리적 규칙을 분석하고 결론을 도출하는 논리적 추론력(Logical Reasoning)을 들 수 있다. 그리고 복잡한 문제에 대해서 해결책을 찾아내는 능력을 의미하는 문제 해결 능력(Problem-solving Skills), 추상적 개념을 이해하고 문제 해결에 적용하는 능력인 추상적 사고력(Abstract Thinking Skill), 형태와 공간을 이해하고 조작하는 능력인 공간 지각 능력(Spatial Perception)이 있다. 이 외에도 계산 수행과 수학적 개념 이해 능력인 수리 능력(Numeracy), 언어를 효과적으로 이해하고 사용하는 능력인 언어 이해력(Language Comprehension), 필요할 때 정보를 저장 · 유지 · 회상하는 능력인 기억력(Memory), 빠르게 배우고 그 지식을 유사하거나 다른 상황에 적응하는 학습 유연성을 의미하는 학습 능력(Learning Ability)을 들고 있다. 그리고 주변의 방해를 받지 않고 작업에 집중할 수 있는 집중력(Concentration), 데이터와 추리를 기반으로 선택하는 능력인 결정력(Decisiveness), 전통적인 경계를 벗어나 새로운 아이디어를 생각해 내는 창의력(Creativity), 주장이나 상황을 분석해서 최선의 행동 방식을 식별하는 비판적 사고력(Critical Thinking)을 열거한다. 그리고 다양한 당사자 간에 합의를 도출해 가는 능력인 협상 기술(Negotiation Skills), 자신의 감정을 이해 · 관리하고 타인의 감정에 공감하는 능력인 감정 지능(Emotional Intelligence), 다양한 상황에서 자신의 감정을 통제하고 수정하는 능력인 감성 인식력(Emotion Recognition), 스트레스를 효과적으로 제어하는 능력인 스트레스 관리력(Stress Management), 타인과 효과적으로 상호 작용하는 능력인 대인관계 능력(Interpersonal Skills)을 제시한다. 그 외에도 중요한 능력으로는 타인의 감정을 이해하고 그 감정을 나누는 능력인 공감 능력(Empathy), 개인적 또는 전문적 목표를 달성하려는 내부적 동기를 의미하는 동기 부여 능력(Motivation Skills), 다른 사람을 이끌고 영향을 미치는 리더십(Leadership), 옳고 그름을 판단하고 그에 따라 행동하는 능력인 도덕적 판단 능력(Moral Judgement)이 존재한다. 그리고 관련해서 윤리적 원칙에 따라 상황과 결정을 평가하는 윤리적 사고력(Ethical Thinking), 자신의 감정이나 욕망 · 능력을 인식하는 자기 인식 능력(Self-Awareness), 충동과 감정을 통제하고 사회적 규범을 준수하려는 자기 조절 능력(Self-Regulation), 새로운 조건에 효과적으로 적응하는 기술인 적응력(Adaptability), 무엇인가를 배우거나 알고자 하는 강한 욕구를 의미하는 호기심(Curiosity)이 있다고 답변하였다. 또한 감각에 존재하지 않는 새로운 이미지나 개념을 형성하는 능력인 상상력(Imagination), 사물이나 사람에 대한 정확하고 깊은 이해를 갖는 통찰력(Insight), 예술을 통해서 자신을 표현하는 기술인 예술적 감각(Artistic Sensibility), 음악을 이해하고 창조 · 실행하는 능력인 음악적 재능(Musical Talent)이 있다고 한다. 그뿐만 아니라 신체를 사용해서 문제를 해결하거나 제품을 만드는 기술을 의미하는 신체 운동 지능(Bodily-Kinesthetic Intelligency), 동작과 행동을 조정하는 능력인 신체 조정 능력(Physical Coordination), 다른 사람의 비언어적 표현을 이해할 수 있는 몸짓 언어 이해력(Body Language Comprehension)과 비언어적 단서를 이해하고 표현하는 능력인 제스처 커뮤니케이션(Gestural Communication), 시각 · 청각 · 미각 등의 감각의 예민함을 담은 감각 민감성(Sensory Sensitivity), 명확한 논리나 명시적 증거 없이 무언가를 알아차리는 능력인 직관력(Intuition)을 보유하고 있다고 답변하였다. 그리고 목표를 설정하고 추구하며 달성하는 능력인 목표 설정 능력(Goal Setting Ability), 계획을 따르고 작업을 완료하는 능력인 실행 능력(Ability to Execute), 시간과 재료 · 돈 등의 자원을 효율적으로 활용하는 자원 관리 능력(Resource Management Skills)이 있는 것으로 평가하였다. 그뿐만 아니라 시간을 계획적으로 통제하고 효과적으로 사용하는 시간 관리 능력(Time Management Skills), 위험을 식별하고 평가하며 우선순위를 결정하는 리스크 평가력(Risk Assessment), 원하는 결과를 달성하기 위한 장기적 계획을 수립하는 전략적 사고력(Strategic Thinking), 실제 발생하기 전에 시나리오를 예측하거나 모델링하는 능력인 시뮬레이션 능력(Simulation Skills)을 보유하고 있다고 챗GPT는 판단한다. 이 외에도 지연 · 문제 또는 고통을 겪어도 좌절하지 않고 화를 통제하는 능력인 인내력(Patience), 세부 사항을 주목하고 해석하는 능력인 관찰력(Observation Skills), 신속하고 효과적으로 반응하는 능력인 반응력(Responsiveness), 어려움에서 빠르게 복구하는 회복 탄력성(Responsiveness) 등이 존재한다고 본다. 아울러 정보를 효과적으로 찾아내고 분석·활용하는 정보 검색력(Information Retrieval), 정보를 작은 부분으로 분해하고 그들 사이의 상호관계를 검토하는 정보 통합 능력(Ability to Integrate Information), 정보를 효과적으로 전달하거나 교환하는 능력인 의사 소통력(Communication Skills), 현대 기술을 활용해서 효율성과 창의력을 향상하는 능력인 기술 활용 능력(Technology Literacy) 등을 열거하였다고 한다.

## 인공지능 개발 경쟁과 에너지 수요

우리는 거대 테크 기업들이 경쟁적으로 쏟아내는 다양한 LLM 모델에 대해서 개발자들에게 논리적·윤리적 문제 등이 없는지 공개할 것을 수시로 요구한다. 그러나 개발자들조차도 명확한 답변을 내놓지 않고 있다. 개발 대외비일 수도 있겠지만 연구 결과에 따르면 그들이 개발했음에도 LLM 모델들의 논리적 사고력은 그들도 모르는 것으로 보는 것이 타당하다. GPT-4 같은 LLM 모델들은 높은 성능을 갖고 있지만 각 모델이 어떤 사고 과정을 거쳐서 응답을 하는지 개발자조차 파악하기 어렵다. 최근 오픈AI는 LLM 사고를 읽어 내는 방법을 개발해 GPT-4 사고를 1600만 개에 이르는 해석 가능한 패턴으로 분해할 수 있다고 발표하였다. 일반 소프트웨어는 인간 설계를 바탕으로 개발되기 때문에 기능별 구조를 이해한 상태에서 기능을 수정하거나 안전성을 평가할 수 있다. 그러나 AI 개발에서는 인공신경망 학습 알고리즘 자체는 인간이 설계하지만 인공신경망 학습은 자동으로 실행되기 때문에 완성된 인공신경망 사고 구조를 인간이 해석하기 어렵고 수정이나 평가도 쉽지 않다는 한계가 분명히 존재한다(Tech Recipe, 2024.6.10).

마이크로소프트는 AI 개발과 데이터센터 운영을 위해서 필요한 전력 확보를 목표로 재생 에너지 개발에 약 100억 달러(13조8900억 원)를 투자하기로 하였다. 이번 투자로 MS는 2026년부터 2030년까지 미국과 유럽에서 총 10.5GW(기가와트)의 재생 에너지를 공급받을 계획이다. 이 외에도 MS는 핵융합 스타트업체와 전기 공급 계약을 맺었는데 이를 통해서 2028년부터 매년 최소 50MW(메가와트) 전기를 공급받을 예정이다. 이처럼 MS는 AI와 데이터센터 운영을 지속적으로 확대하기 위한 신재생 에너지 자원에 투자를 증대하고 있다(GPT매거진, 2024.5.2).

구글은 전 세계 사업장에서 배출한 온실가스가 급증했다고 스스로 밝혔다. 치열해지는 AI 개발 경쟁이 전기 사용량을 대폭 확대하는 바람에 환경이 악화한 것이다. 미국 조지아주 구글 데이터센터를 비롯해 한 해 전 세계 구글 사업장의 온실가스 배출량은 1430만 톤으로 전년 대비 13% 증가하였다. 2019년과 비교하면 48% 증가한 수치다. 기존에 예측하지 못한 전력 수요를 재생 에너지로만 전부 공급할 수 없는 상황이 발생한 것이다. 따라서 가스 화력발전소 또는 석탄 화력발전소로부터 전력 공급을 해야 되기 때문에 탄소 감축 계획에 차질이 생기는 것이다. MS 역시 탄소 배출량이 2020년보다 30% 증가했다고 밝혔다(SBS, 2024.7.4).

그러나 다행스럽게도 중국 베이징 국가정보과학기술연구센터 연구팀은 기존 광자 칩렛(Chiplet)보다 효율성을 2배 향상한 초고성능 칩렛 '타이치'를 개발하고 국제학술지 ≪사이언스≫에 공개하였다(동아사이언스, 2024.4.15). 칩렛은 하나의 칩에 여러 개의 칩을 집적하는 기술이다. 따라서 반도체 생산에서 하나의 반도체를 생산하지 않고 여러 모듈로 분할 생산한 다음 하나로 결합하는 데 활용된다. 여러 개의 반도체를 하나로 만들 수 있는 것이다. 이론적으로 일반적인 반도체보다 높은 작업 처리 성능과 에너지 효율을 확보할 수 있다. 칩렛 중에서도 빛을 사용하는 광자 칩렛이 특히 주목을 받는데 빛은 전기보다 신호 강도가 오래 지속되면서 더 빠르게 먼 거리를 이동할 수 있다는 장점이 있기 때문이다. 즉 중국의 타이치 칩렛은 빛 기반의 나노 기술을 통해 에너지의 효율적이고 확장 가능한 컴퓨팅 인프라를 구축하여 AGI 분야의 문제를 해결하고 AI의 새로운 시대를 열 수 있다는 긍정적인 신호인 셈이다. 그 핵심은 포토닉스(photonics)를 기본으로 하는 기존의 전자회로로부터의 이탈이다. 포토닉스란 일반적으로 빛에 관계된 사항을 다루는 과학기술로 통신에서는 특히 광섬유를 통한 정보의 전송에서 광자(photon)를 이용하는 기술을 의미한다. 이 전략적 결정은 전례 없는 확장성을 제공할 뿐만 아니라 믿을 수 없을 정도의 에너지에 대한 효율성을 실현할 수 있다. 빅테크 기업들이 전력량 증대로 막대한 자본을 투입해야 했던 기존 방식에서 패러다임을 뒤집을 수 있는 획기적인 발견인 것이다. 타이치는 에너지 효율이 가장 중요한 영역에서 빛을 발한다. 기존 광자 칩과의 비교 분석을 통해 타이치 칩렛이 160조8200억 와트 에너지 효율 등급을 자랑하는 확장성의 우위를 확인할 수 있다. 이 놀라운 효율로 대형 신경망을 구축할 수 있고 139억6000만 개의 인공 뉴런 네트워크 크기를 쉽게 처리할 수 있다. 이는 AGI의 요구 사항을 충족하는 빛을 기반으로 한 컴퓨팅의 놀라운 성능을 보여 준다. 타이치의 이 같은 실용적인 응용은 산업과 연구 분야에 걸쳐 광범위하게 확대될 것이다. AGI 분야에서는 이전에 폐쇄적이라고 생각되었던 부문의 문을 열어 주고 의료, 금융 서비스, 교통 등 다양한 영역에서 AGI 기반 응용을 가능하게 할 것이다. 아울러 빛을 기반으로 한 컴퓨터과학과 AGI를 결합하면 기계가 인간의 지능과 유사한 인지 능력을 가지고 사람과 기계 사이에 상호 이익이 되는 관계를 만드는 새로운 시대가 펼쳐질 수 있다(AI라이프경제, 2024.5.27). 또 이러한 기술 혁신으로 타이치는 막대한 전력 사용 과정에서 발생하는 이산화탄소 배출량 대폭 감축 등의 기후 변화 완화, 의료 혁신 등과 같은 시급한 사회 현안을 해결할 수 있는 잠재력을 가지게 된다.

### 참고문헌

동아사이언스(2024.4.15). AI반도체 생산 효율 2배…초고성능 칩렛 개발.

https://www.dongascience.com/news.php?idx=64798

연합뉴스(2024.5.23). 메타 AI책임자 "LLM, 인간의 추론·계획 능력에 도달 못할 것.
https://n.news.naver.com/mnews/article/001/0014704640

AI라이프경제(2024.5.27). 중국의 광 기반 칩렛, AGI 개발을 위한 혁신적 솔루션 제시.
https://www.aifnlife.co.kr/news/articleView.html?idxno=23282&fbclid=IwZXh0bgNhZW0CMTEAAR09ZgxuGgAT05BTvt38ANeUNRBqgbZuEOUfdM-1iCUJ93GlVjA25Oc0TeY_aem_AQxpHNds0OnMhC5Gx-13RPZol8h2_tvUoCgi5SuTx6cPwGQdOg547icIb_c0srkIke6f8aaroofTNNIbgEjMdZpt

GPT매거진(2024.5.2). 마이크로소프트, AI 전력 확보 위해 재생 에너지에 14조 투자.
https://gptmagazine.net/gptai/290?fbclid=IwZXh0bgNhZW0CMTEAAR0yNmTjkZmFedIgbFzTkYG3zyHZhHHwyojSY2mxj1LPbmIPNr59v5eNfmM_aem_AUuu7jXnWWFaAwOS3MKEAILnSKqh25o59TrDc4qvW-ugtGGXucnbZv4-H563QRzFGMM51gBMxXbJCAXCSmmNIqpz

SBS(2024.7.4.). '전기 먹는 하마' AI…빅테크의 '탄소배출' 역주행.
https://n.news.naver.com/article/055/0001169252

TechRecipe(2024.6.10). 오픈AI "GPT-4 사고, 1600만개 해석 가능 패턴으로 분해".
https://techrecipe.co.kr/posts/66453?fbclid=IwZXh0bgNhZW0CMTEAAR2QY-6LrwRUWEr-z_wLZA1T_-2lncWMlytJ1SsCO5XpSPXozbhELXm1euo_aem_AZU5bpzYZ_-Enz9H0IfFjn1RjyiSUbhf0pi_y2vZ-y2Gnd2oZmthnGdDEA9ijZjupYNEdAaeAOctRaVZMdvpL1Q6

## 07
# 광고에서 인공지능 활용의 한계

상업적 또는 사회적 쟁점으로 부각되는 생성형 인공지능으로 인물 합성 기술(deepfake)이 있다. 이는 생성자의 의도에 따라 좋은 방향으로 인간들에게 기여할 수 있는 반면, 악용할 경우 걷잡을 수 없는 혼란과 혼돈으로 전 세계를 공포에 빠지게 할 수도 있다. 따라서 이를 바탕으로 제작된 광고도 소비자들을 혼란과 불신에 빠지게 해서 결국 광고주의 특정 브랜드나 그 메시지에 대한 신뢰도나 호의도에 악영향을 끼치게 된다.

## 인공지능 활용과 리타기팅 광고의 유용도

광고는 온라인 공간을 유지해 주는 기반이지만 온라인 접촉자이자 사용자들은 무분별한 광고 노출에 대한 피로감을 호소하는 것이 현실이다. 급기야 광고 제거 도구 사용이 일반화되고 있다. 따라서 애플 등 빅테크 기업들도 원하지 않는 일종의 스팸성 광고가 지속적으로 노출되는 것이 사용자 경험 차원에서 악영향을 미친다는 판단에서 광고 추적 제한 기능을 내놓고 있다. 광고의 과잉 노출에 대해서 최고 AI 과학자조차도 사용자 경험의 중요성에 주목하고 애플과 같은 빅테크 기업들의 광고 추적 제한 기능 추가에 대해서 합리적 판단으로 평가할 정도로 심각한 상황에 이르렀다. 그래서 주요 빅테크 기업들은 이용자들의 광고 경험을 개선하는 차원에서 사용자별로 다른 알고리즘 조합을 사용한다. 즉 최종 사용자 그룹별로 맞춤화된 서비스를 제공하기 위해서 알고리즘을 조정하는 작업을 하고 최종 사용자 경험이 개선됐을 때 좋은 성과가 나오는 것을 확인할 수 있다고 언급한다. 예를 들면 방문 웹사이트 정보를 바탕으로 페이스북 등 SNS에 수시로 뜨는 리타기팅 광고는 사용자 관심 기반으로 광고를 제시해서 구매 확률을 높이는 기법으로 많이 사용된다. 그러나 자신을 따라다니는 이러한 광고를 기피하는 이용자 비율도 높다는 점을 인식할 필요가 있다. 따라서 신속하게 이용자들의 성향을 파악해서 리타기팅 광고에 대해서 비호감인 이용자층에는 아예 리타기팅하지 않는 것이 현명하다. 이러한 비호감 그룹에 대해서는 알고리즘을 재조정하는 것이 사용자 경험을 개선하는 것일 뿐만 아니라 광고주 입장에서도 불필요한 광고비를 절감하는 방법이다. 아울러 막대한 데이터를 바탕으로 최신 AI 기술을 적용한 디지털 마케팅 기법은 고객의 만족도를 높일 수 있고, 만족도가 높아지면 많은 이용에 따른 데이터가 증가한다. 그리고 데이터가 증가하면 성능이 개선되는 선순환 구조를 구축할 수 있다.

## 인공지능 광고를 제한하는 브랜드 사례

글로벌 산업에 대한 AI 영향력과 파급력이 갈수록 확대되고 있다. 그러나 이와 반대로 광고 마케팅 활동에서 AI의 사용을 억제하거나 제한하는 움직임도 함께 일고 있다. 즉 AI가 비용을 대폭 절감하고 작업 시간을 단축하며 급변하는 시장 동향에 따라 효율적인 결과물을 빠른 시간 내 완성해 준다는 장점이 분명히 존재한다. 그럼에도 AI 특유의 편향성과 오류 · 윤리 문제 등 치명적인 단점이 불거지면서 'No AI'를 주장하는 글로벌 브랜드도 적지 않게 등장하고 있다. 대표적으로 로레알(L'Oreal)과 도브(Dove), H&M, 띵스(Thinx), 레고(LEGO) 등 주로 화장품 · 패션 · 엔터테인먼트 분야의 브랜드다. 이들은 광고 마케팅 부문에서 AI 기술을 제한하는 등 신기술 적용에 신중하게 접근한다. 이들 기업은 AI 활용이 기하급수적으로 증가하면서 드러난 AI의 치명적 단점들이 어떤 제품의 가치에 브랜드 네임이 가져다주는 추가적인 가치인 브랜드 자산(Brand Equity)에 역효과를 나타내는 것으로 평가한다. 이러한 브랜드 자산은 브랜드에 대한 소비자의 인지도 · 충성도, 소비자가 인식하는 제품의 질, 브랜드 이미지, 기타 독점적 브랜드 자산 등을 통해서 구축된다. 최근에 다수의 AI로 인해 왜곡되고 편향된 콘텐츠가 범람하고 AI가 부적절하고 부정확한 이미지를 생성해서 반발을 불러일으키는 것도 AI를 기피하는 한 요인이 된다. 그리고 인터넷상에서 취합된 방대한 데이터를 사용하는 과정에서 발생할 수 있는 저작권 침해 문제와 개인정보 보호 문제에서 자유롭지 못한 점도 이들 글로벌 브랜드 입장에서는 장점보다 단점이 더 많을 수도 있다는 판단을 내리게 한다.

브랜드별 AI 활용 규제 가이드라인을 살펴보면, 로레알은 인간의 머리카락과 피부 톤을 묘사할 때 AI 사용을 금지하고 있다. 즉 로레알 측에서는 상업용 제작물에는 새로운 AI 기술을 적용할 수 있지만 인간을 묘사하는 데는 금지하고 있다. 영감을 주고 아이디어를 생성하거나 내부 스토리보드를 제작하는 데는 AI 기술을 활용하는 것이 가능하지만 제품의 이점을 강조하거나 지원하는 데 직접적으로 사용할 수 없다는 입장이다. 그러나 로레알은 화장품 부문에서는 AI를 적극적으로 활용하는 기업군에 속한다. AI 기술을 활용해서 디지털로 피부를 진단하는 '모디페이스(Modiface)'를 선보였고 고객과 뷰티 전문가, 뷰티 제품, 뷰티 이미지를 바탕으로 만든 AI 비서 '뷰티 지니어스(Beauty Genius)' 등을 서비스에 적용하고 있다. 결국 로레알 사례에서 보듯이 브랜드가 AI와 같은 신기술을 사업에 접목하되 민감할 수 있는 특정 부문에서는 활용상 주의가 필요하다.

유니레버(Unilever) 계열 뷰티 브랜드인 도브는 AI가 아름다움을 묘사하는 비현실적인 방식을 지양하는 차원에서 광고에서 실제 인간을 묘사할 때는 AI 기술을 절대 사용하지 않는 것을 원칙으로 한다. 얼마 전 공개한 도브의 '더 코드(The Code)' 캠페인은 AI가 아름다움에 얼마나 왜곡되고 편향적인 결과물을 생산하는지를 지적하였다. 즉 AI에게 세계에서 가장 아름다운 여성 이미지를 생성할 것을 주문하자 AI는 날씬한 금발 백인 여성 이미지를 만들어 냈는데 결국 아름다움에 대한 AI의 편협하고 좁은 고정관념을 드러낸 것이라고 할 수 있다. 도브의 설문조사에 의하면 30% 이상의 여성이 가짜 이미지 또는 AI가 만든 이미지라는 것을 인지하면서도 온라인에서 보는 이미지 때문에 자신의 외모를 바꿔야 한다는 압박감을 느낀다는 것이다. 이처럼 AI가 만든 허구적 아름다움에 대한 편견이 실제로 여성들에게 부정적 영향을 미친다는 것이 입증된 것이다. 이후 도브에서 AI에게 도브의 '리얼 뷰티(Real Beauty)' 캠페인 광고를 토대로 세상에서 가장 아름다운 여성 이미지를 요청하자 AI는 인종과 피부색, 연령대, 신체 사이즈, 헤어 스타일이 각기 다른 다양한 여성의 이미지를 생성하였다. 이는 결국 AI 학습자가 어떤 데이터를 AI 학습 자료로 사용했는가의 문제라고 봐야 한다. 결국 광고에서 도브는 여성의 이미지를 허구로 생성하거나 왜곡하는 AI를 절대 사용하지 않겠다는 메시지를 전하게 되었고 2004년부터 꾸준한 리얼 뷰티 광고 캠페인을 전개하고 있다.

스웨덴의 글로벌 패스트 패션 브랜드 업체인 H&M 역시 광고 콘텐츠 제작이나 마케팅 목적으로 생성형 AI를 사용하지 않는다고 발표하였다. H&M은 AI 기술에 대한 관심은 많지만 AI 활용과 관련한 광고의 역할에 관한 윤리적 가이드라인이 우선 수립되어야 한다고 언급하였다. H&M은 기술 활용 차원에서 신중한 접근 방식을 추구하면서도 고객들이 생성형 AI를 활용해서 직접 옷을 제작하고 구매할 수 있는 크리에이터 도구를 활용하는 등 AI 활용에 높은 관심을 보이고 있다.

속옷 브랜드인 띵스는 최근 공개한 '겟 바디와이즈(Get BodyWise)' 캠페인을 통해서 AI의 왜곡된 고정관념을 정면으로 비판하였다. 아울러 광고는 AI가 월경·사춘기와 같은 여성 건강 문제를 어떻게 표현하는지에 초점을 맞추고 있다. AI에게 생리에 대한 이미지를 생성해 줄 것을 주문하자 AI는 수치심과 죄책감·우울함을 느끼는 여성 이미지를 만들어 냈다. 그러자 띵스는 교육이 시작되면 편견은 끝난다는 메시지를 내보내면서 여성 건강에 대한 올바른 교육을 강조하는 겟 바디와이즈 캠페인을 소개하는 걸로 마무리한다. 이처럼 AI의 등장은 광고 마케팅 산업의 업무 방식을 변화시키고 특히 크리에이티브 관점과 방향성까지 변화시키는 등 브랜드 활동에 광범위한 영향을 끼치고 있다(브랜드 브리프, 2024.4.23).

인간 사회에는 타인의 재물을 훔치지 않는 것과 같은

최소한의 약속, 즉 윤리가 존재하고 이를 어길 시 법적 처벌을 받는다. 그러나 AI 기술 분야에서는 아직 명확한 윤리 기준과 이를 강제할 법적 장치가 미흡한 상황이다. 최근 국내외적으로 딥페이크 기술을 악용한 범죄가 급증하고 있다. 딥페이크 기술은 성 착취물 제작, 금융 사기, 전쟁 여론 조작, 대통령 선거 개입 등 다양한 범죄에 악용되고 있다. 익명성 뒤에 숨어 딥페이크 범죄를 저지르는 이들은 죄의식 없이 범죄를 저지르고 일부는 처벌 규정의 허점을 악용하기도 한다. 접근성이 높고 익명성이 보장되는 점은 딥페이크 기술을 활용한 범죄 발생 가능성을 높이는 요인이다. 오픈 플랫폼에 공개된 딥페이크 제작 소스는 누구나 쉽게 가짜 영상을 만들 수 있게 한다. 따라서 전 세계는 이제야 딥페이크 기술의 위험성을 인지하고 본격적으로 대응에 나서고 있다(AI라이프경제, 2024.10.30). 딥페이크 오픈소스 삭제와 같은 기술적 조치를 취하는 것뿐만 아니라 국내에서도 최근 미성년자들의 딥페이크 성범죄 처벌 수위를 강화하는 법안 개정을 추진하였다. 현재 상황에서는 더 이상 AI 기술 개발 속도에만 열광할 것이 아니라 신기술이 등장하기 전에 사회적 윤리 기준에 부합하는지, 악용 가능성은 없는지, 처벌 규정은 마련되어 있는지 등을 면밀하게 검토해야 한다. AI 기술 윤리는 기술 개발자뿐만 아니라 정책 입안자, 법률가, 그리고 사회 전체가 함께 고민하고 해결해야 할 과제다. 무엇보다 AI 기술을 이용하는 개개인이 최소한의 윤리 의식을 갖고 책임감 있게 기술을 사용하는 것이 중요하다. AI 기술 발전은 인류에게 새로운 가능성을 제시하는 동시에 윤리적 문제와 범죄 악용 가능성이라는 그림자를 드리우고 있다. 기술 발전과 함께 윤리적 책임 의식을 함양하고 사회적 합의를 통해 AI 기술의 올바른 활용 방향을 모색해야 한다.

## 인공지능의 광고와 예술 영역 활용 논쟁

AI의 성능은 잘 알다시피 파라미터 수에 따라 결정된다. 파라미터는 인간의 뇌에서 정보를 학습하고 기억해 내는 역할을 담당하는 시냅스와 같은 역할을 수행한다. 학습량이 많을수록 좋은 결과를 낼 가능성이 높듯이 파라미터 규모가 커질수록 AI가 데이터를 분석하는 지능도 비약적으로 증대된다고 보면 된다. 많은 양의 파라미터를 가진 AI는 언어뿐만 아니라 이미지와 영상을 이해하고 데이터 추론까지 가능하다. 따라서 앞으로는 누구나 좋은 아이디어와 스토리만 있으면 이미지형 콘텐츠를 만들 수도 있다. 이미 구글이 웹브라우저로 제작해서 무료로 제공 중인 오토드로(AutoDraw)는 AI가 사용자의 생각을 인지하고 어떤 그림을 그리려고 하는지 파악해서 추천 그림을 제안하는 프로그램이다. 또한 구글에서 생산한 AI '딥 드림(Deep Dream)'은 렘브란트나 고흐 화풍의 색채 · 구도 · 질감 등을 그대로 재현하기도 한다. 이처럼 AI 기술 발전은 예술 분야에도 새로운 지평을 열고 있다. AI는 인간의 창작 활동을 보조하는 강력한 도구로 부상하며 예술의 표현 방식을 확장하고 새로운 가능성을 제시하고 있다. 그러나 AI가 생성한 작품을 예술로 인정해야 하는지에 대한 논란은 여전히 뜨겁게 진행 중이고 예술과 예술가의 본질에 대한 근본적인 질문으로 이어지고 있다.

전통적으로 예술은 인간의 창의성과 노력의 산물로 여겨져 왔다. 예술은 또한 협업과 학습이라는 인간적인 특성을 바탕으로 발전해 왔다. 예술가들은 서로의 기술을 배우고 영감을 주고받으며 예술 공동체를 형성하고 끊임없는 노력을 통해 자신만의 예술 세계를 구축해 나간다. 이러한 과정은 예술 작품에 인간적인 숨결을 불어넣고 예술의 가치를 더욱 높이는 원동력이 된다. AI가 생성한 작품은 인간의 개입 없이 만들어진다는 점에서 전통적인 예술과 차이를 보인다. AI는 학습 능력을 통해 방대한 데이터를 분석하고 새로운 결과물을 만들어 낼 수 있지만 인간 예술가와 같은 주관적인 감정이나 경험을 바탕으로 창작하는 것은 불가능하다. AI는 주어진 데이터와 알고리즘에 준해서 작품을 생성할 뿐 작품에 담긴 의미나 감정을 이해하고 해석하는 능력은 부족하다. 따라서 AI가 생성한 작품을 예술로 인정할 경우 창작의 주체는 누구이며 예술가의 역할은 어떻게 정의되어야 하는가에 대한 질문이 제기된다. AI는 예술가의 창작 도구로 활용될 수 있지만 예술 작품의 진정한 가치는 예술가의 창의성과 표현력에서 비롯된다는 주장도 설득력을 얻는다. IT 전문 매체 베르딕은 AI가 예술 분야에 새로운 가능성을 제시하고 있다고 주장한다. AI가 인간의 창작 활동을 보조하고 새로운 영감을 제공하며 예술의 표현 방식을 확장하는 데 기여할 수 있다는 것이다. 예를 들면 AI는 작곡, 그림 그리기, 시 창작 등 다양한 예술 분야에서 창작 과정을 자동화하고 새로운 스타일의 작품을 생성하는 데 활용될 수 있다. 그럼에도 베르딕은 AI가 예술가의 역할을 완전히 대체할 수는 없다고 강조한다. 즉 예술은 인간의 고유한 영역이고 AI는 인간 창의성을 더욱 빛나게 하는 도구로 활용되어야 한다고 주장한다. AI 기술 발전은 예술가들에게 새로운 도전과 기회를 제공하며 예술의 미래를 위한 새로운 가능성을 열어 주고 있다고 본다(AI라이프경제, 2024.8.7). 한 AI 전문가는 AI 예술에 대한 논쟁은 예술의 본질과 미래에 대한 중요한 질문을 던지는 것이고 AI 기술의 발전과 함께 예술 분야는 새로운 변화를 맞이하고 있다고 주장한다. 그리고 이러한 변화 속에서 예술가와 사회는 함께 고민하고 답을 찾아야 한다고 강조한다.

일본 이동통신업체 주최 클래식 공연에서는 로봇 지휘자가 등장하기도 하고 미국 조지아공대에서는 악기 연주는 물론 작사 · 작곡 · 노래까지 부르는 만능 싱어송라이터 로봇을 소개하였다. 그리고 일본에서는 한 로봇 과학자가 개발한 AI 로봇이 60여 가지의 표정 연기로 연기자들과 함께 연극 무대에 오르기도 하였다. 온라인 콘텐츠 기획과 시나리오 작성용 AI 프로그램도 이미 셀 수 없을 정도로 증가한 상태다. 이미지와 동영상 · 오디오 등 비주얼 콘텐츠 분야 역시 다양한 AI 서비스가 경쟁적으로 시장에 등장해 있기 때문에 글로벌 IT 전문 커뮤니티조차도 AI 서비스를 통해서 업무를 해결하고 있다. 그러다 보니 기획자나 마케터가 전문 디자이너나 영상 편집자를 더 이상 채용하지 않고 직접 일정 수준의 품질을 보장하는 비주얼 콘텐츠를 생성하고 있는 것이 현재 상황이다.

국내 한 테크 기업에서 선보인 '비스팟(Vispot)'은 쇼핑몰 사업자가 스마트폰으로 간단한 영상을 찍어 프로그램에 올리면 머신러닝으로 영상 속의 제품, 모델의 동작, 상세 컷을 곧바로 분석 후에 수백 개 버전의 쇼트폼 동영상을 만든다. 이 프로그램의 진정한 경쟁력은 광고 과정에서의 자동 집행 능력이다. 즉 이렇게 제작된 동영상 광고들을 인스타그램 등 각종 SNS 매체에 노출한 후 고객 반응을 분석하고 반응이 좋은 광고 포맷을 선택하고 최적의 매체 광고 전략까지 제시한다. 그러나 이러한 AI는 결국 인간의 지식과 문화의 산물이고 암기력과 응용력이 뛰어난 인간에 근접한 수준일 뿐이라고 대다수의 연구자들은 언급한다. 즉 AI는 규칙 안에서 최적의 알고리즘을 계산해서 답을 주는 감정 없는 기계일 뿐이라는 것이다. 그 근거를 아리스토텔레스(Aristotle)의 『수사학(Rhetoric)』에서 찾으려는 연구자들도 존재한다. 그는 『수사학』에서 명확한 설득 논리인 로고스(Logos)는 물론, 청중의 감성을 파악하는 능력인 파토스(Pathos)도 중요하다고 언급한다. 말하는 사람의 고유 성품을 의미하는 에토스(Ethos), 즉 체형 · 자세 · 복장 · 음성 · 단어 선택 · 시선 · 성실성 · 신뢰감 · 카리스마 등이 이에 포함되고 종합적으로 설득에 가장 크게 영향을 미친다는 것이다(한국콘텐츠진흥원, 2021.7.14). 따라서 논리적 · 이성적 존재이면서 동시에 감성적 충동을 가진 인간, 즉 이중적이고 불완전한 정서가 오히려 논리적 접근을 바탕으로 개발된 AI로서는 닮기 어렵다는 것이 대다수 연구자의 논리다. 그러나 장기적으로는 컴퓨터가 AI를 통해서 인간을 따라잡을 것이고 그런 경우를 대비해서 컴퓨터가 인류와 같은 목적을 갖도록 하는 조치를 취해야 할 것을 조언한 스티븐 호킹(Stephen Hawking) 박사의 말을 되새겨야 할 것이다.

### 참고문헌

브랜드 브리프(2024.4.23). "광고·마케팅에 AI 금지"… 로레알·도브·레고·H&M· 띵스(Thinx)의 전략은?. https://post.naver.com/viewer/postView.naver?volumeNo=37691692&memberNo=44916823&vType=VERTICAL

한국콘텐츠진흥원(2021.7.14). 초거대 AI, 인간 대신 콘텐츠 창작할까?. https://post.naver.com/viewer/postView.naver?volumeNo=31962326&memberNo=28980604&vType=VERTICAL

AI라이프경제(2024.8.7). "인공지능 예술, 진정한 예술인가?"... 예술가의 본질과 창작의 미래를 둘러싼 논쟁 심화. https://www.aifnlife.co.kr/news/articleView.html?idxno=23777&fbclid=IwY2xjawEkM69leHRuA2FlbQIxMQABHZ

DpKt0rPGyfnorXmCLm-AHvIZ2lw3JZQGYNRuHPjThw
l63dQuwYOBenMA_aem_YWO5dzuQTi829CIz0WVzJA
AI라이프경제(2024.10.30). AI 시대, 딥 페이크 범죄와 윤리적 책임…
"AI기술은 속도가 아닌 안전".
https://www.aifnlife.co.kr/news/articleView.html?idxno=2
3904

## 08
## 가짜 콘텐츠와 광고, 포스트 트루스

'투자의 전설'이라는 위인조차도 인공지능의 파급력을 핵무기에 비유하면서 위험성을 경고한다. 즉 인공지능을 활용한 사기가 하나의 거대한 '성장 산업(Growth Industry)'으로 전개될 수 있을 것으로 우려를 표했다. 그만큼 진짜와 가짜의 식별이 전문가조차도 거의 불가능하다는 의미다. 인류가 인공지능을 개발한 것이 마치 요정을 다시 램프에 넣는 방법도 모른 채 불러낸 알라딘의 요술램프와 같다는 것이 그의 주장이다.

## 인공지능 광고와 콘텐츠에 대한 논쟁

미국의 투자 전문회사인 버크셔 해서웨이의 워런 버핏(Warren Buffett) 회장이 바로 AI의 파급력이 핵무기와 같다고 위험성을 경고한 인물이다. 그는 AI는 인간이 스스로 통제하지 못할 알라딘의 램프에서 지니를 불러낸 격이고 이는 결국 인류를 재앙으로 몰고 갈 수 있음을 경고한다(조선일보, 2024.5.6). 그러면서 그는 AI가 만든 자신의 이미지를 영상으로 확인했음에도 자신조차도 속아서 돈을 그 계좌에 송금할 정도로 진위를 식별할 수 없었다고 깊은 우려를 표명하였다. 그 정도로 거대한 사기 산업에 AI가 악용될 가능성이 높다는 것이다.

이에 반해 미국 스탠퍼드대 부교수이자 구글과 바이두 수석 연구원인 딥러닝 분야 최고 권위자이자 AI 석학인 앤드루 응(Andrew Ng)은 AGI(Artificial General Intelligence) 개발은 수십 년 걸릴 것이라고 주장한다. 즉 그 위험성은 다분히 일부 사람들에 의해서 과장된 측면이 있다고 일축한다. AI는 인간의 뇌와 전혀 다른 방식으로 작동하고 뇌의 작동 방식에 대한 인류의 이해는 아직 매우 제한적이라는 것이다. 그러면서 범용인공지능인 AGI에 도달하려면 추가적인 기술적 돌파구가 필요하고 챗GPT의 기반이 되는 현재의 트랜스포머 신경망이 최종 아키텍처가 될 것이라고 판단하지 않는다는 입장이다. 그는 워런 버핏처럼 AI를 핵무기에 빗대며 규제의 필요성을 주장하는 사람들이 많은 이유는 AI에 대규모 투자를 한 소수의 빅테크 기업들이 기술의 공개와 공유를 막고 정부로 하여금 AI 규제 안전 법안을 통과시키려는 의도에서 비롯된 측면이 있다고 주장한다. 그는 인간이 개발한 비행기를 여전히 완벽하게 통제할 수는 없지만 대부분 사람들은 생명을 두려워하지 않고 비행기를 이용하고 있다는 논리를 제시한다. 즉 AI 역시 실수가 있지만 대부분은 매우 안전하고 그 위험을 통제할 능력이 인간에게 있음을 강조한다(SBS, 2024.5.24).

AI의 대부로 불리며 딥러닝과 인공신경망 기술의 토대를 쌓은 공로로 2024년 노벨 물리학상을 수상한 캐나다 토론토대 제프리 힌턴(Geoffrey Hinton) 교수의 ≪뉴욕타임스≫ 인터뷰를 주목할 필요가 있다. 그는 AI가 인간보다 더 똑똑해질 수 있다는 생각은 하지 않았고 추월할 수 있는 시점이 빨라야 30~50년 뒤라고 생각했다고 한다. 그러나 현재 개발 상황과 속도를 보면 그렇게 오랜 시간이 걸리지 않을 거고 본인이 개발한 기술에 대한 두려움이 크다고 토로한다. 현재 개발 경쟁 중인 AI 디지털 지능은 인간의 생물학적 지능과 크게 다르고 5년 전과 현재를 비교하면 공포감이 인다고 고백한다(조선일보, 2024.10.8). 즉 앞서 언급한 워런 버핏과 앤드루 응의 논쟁에 대해서 AI의 대부가 답변을 던진 셈이다. 결국 인간의 끊임없는, 절제되지 않은 욕망은 마치 브레이크가 고장 난 상태로 까마득한 절벽을 향해 경사로를 달려 내려오고 있는 자동차를 지켜보고 있는 느낌이다.

## 인공지능 딥페이크의 심각성

가짜 뉴스란 뉴스로 제시되지만 거짓이거나 오도된 정보를 의미한다. 가짜 뉴스는 사실을 기초로 하지 않지만 사실적으로 묘사한다는 점에서 혼란을 불러일으킨다. 그래서 가짜 뉴스는 쓰레기 뉴스, 거짓 뉴스, 속임수 뉴스라고도 불린다. 얼마 전 미국 대선을 앞둔 시점에서 AI로 조 바이든(J. Biden) 대통령의 목소리를 만들어 낸 가짜 전화가 유권자들에게 걸려와서 큰 논란을 불러일으켰다. 미국 당국의 조사 결과, 바이든의 성 소수자를 향한 폭언이 담긴 가짜 메시지임이 밝혀졌다. 이 딥페이크를 만든 정치 컨설턴트를 뉴햄프셔주 검찰이 투표 방해 등 26개 혐의로 기소함과 동시에 미 연방통신위원회에서 우리 돈 82억 원이 넘는 벌금을 그에게 물리는 처벌이 내려졌다. 이는 미국 당국이 AI 기술을 활용해서 만든 딥페이크에 대해서 벌금을 부과한 첫 사례다. 처벌은 이것으로 그치지 않고 가짜 메시지 수천 통을 주민들에게 무책임하게 전송한 통신사에도 27억 원가량의 무거운 벌금이 부과되었다. 선거 국면에서 AI를 활용한 허위 정보가 판칠 수 있음을 대비해 강력한 시범 케이스가 적용된 셈이다. 아울러 연방통신위는 정치 광고에 AI를 사용할 경우 이를 명시하도록 하는 한편, 백악관은 AI 개발자와 금융기관 등에 딥페이크 음란물로 수익을 내지 못하도록 하는 법안을 수립하기로 하였다(SBS, 2024.5.24). 최근 국내에서도 청소년과 대학생 들이 연루된 딥페이크 범죄가 잇따라 발생하면서 기존 성범죄에 비해 느슨한 처벌 기준을 강화해야 한다는 목소리가 커지고 있다. 경찰청 자료에 따르면 허위 영상물 성범죄로 적발된 건의 75.8%의 범인이 10대인 것으로 드러났다(AI라이프경제, 2024.8.27).

온라인에서 잘못된 정보를 퇴치하기 위해서 페이스북, 트위터, 그리고 여러 자선단체를 포함해서 아홉 개 기관이 참여해 2015년 구글 뉴스랩 주도로 7년간 운영된 프로젝트인 퍼스트 드래프트 뉴스(First Draft News)의 클레어 워들(Claire Wardle) 박사는 가짜 뉴스의 일곱 가지 유형을 다음과 같이 규정하였다. 첫째, 해를 끼칠 의도는 없지만 속일 가능성 있는 풍자나 패러디. 둘째, 제목, 시각적 자료 또는 캡션이 내용과 일치하지 않는 거짓된 연결. 셋째, 정보를 왜곡 사용하여 이슈나 개인을 호도하는 내용. 넷째, 진짜 내용이 거짓된 정보와 함께 공유되는 거짓 맥락. 다섯째, 진짜 출처가 가짜 또는 꾸며진 출처로 사칭된 정보. 여섯째, 진짜 정보와 이미지를 속일 의도로 조작된 내용. 일곱째, 새로운 내용이 100% 거짓인, 의도적으로 속이고 해를 끼치려고 디자인되고 수정된 사진과 같은 내용을 꼽았다. 그리고 국제도서관협회연맹(IFLA, International Federation of Library Associations and Institutions)은 가짜 뉴스를 인식하는 데 도움을 주기 위해서 여덟 가지 정도를 확인할 것을 제안한다. 즉 출처의 신뢰성과 업체명, 의도를 이해하기 위한 출처 확인, 헤드라인 너머 전체 스토리를 이해하기 위한 행간 숙독, 저자의 실존 여부와 신뢰성 확인을 권유하고 있다. 아울러 신뢰성 확인을 위해 주장을 뒷받침하는지 출처 평가, 관련성이 있고 최근 정보인지 체크하기 위한 게시일 확인, 풍자 또는 농담인지 확인, 이용자의 편견이 판단에 영향을 미치고 있는지 자신의 편견을 검토하기, 끝으로 해당 내용의 진위를 확인하기 위해서 독립적인 해당 분야 전문가에게 팩트 체크하기를 제안하고 있다(한국일보, 2019.1.23).

10대 청소년들의 가짜 뉴스 근원지로 지탄을 받고 정보 신뢰성에서 커다란 타격과 위협을 느낀, SNS 등을 운영하는 각종 인터넷 기업들은 가짜 뉴스를 제한하고 가짜 뉴스 확산 차단을 억제하기 위해서 새로운 대응책을 고심하고 있다. 사용자들의 비판은 사용자가 이전 시청 선호도에 따라 좋아할 만한 콘텐츠를 SNS를 비롯한 인터넷 기업들이 검색 알고리즘을 통해 집중 제공한다는 데 향한다. 따라서 그에 따른 부작용으로 사용자의 확증 편향이 강화되어 가짜 뉴스의 수용이 증가한다는 것이다. 이러한 편향을 줄이려면 SNS, 특히 페이스북과 인스타그램 등과 구글 중심의 웹 검색 엔진에 대한 자율 규제와 법적 규제가 더욱 효과적이고 혁신적으로 이루어져야 한다. 특히 미디어 학자 놀런 히그던(Nolan Higdon)은 허위 정보 문제를 해결하기 위해 테크 기업에 의존하는 것은 문제를 악화할 것이라고 주장한다. 즉 테크 기업은 가짜 뉴스의 확산으로 경제적 수익을 얻기 때문에 이들에 기대는 것은 문제 해결에 대한 좋은 방책이 아니라는 것이다. 이들 테크 기업이 수집한 데이터는 가짜 뉴스 생산자에게 힘을 실어 주는 가장 강력한 도구가 되기 때문이다. 따라서 히그던은 정부 규제나 업계 검열도 중요하지만 미국 각 학교 교육에 비판적 뉴스 리터러시 교육을 도입해야 한다고 주장한다(위키백과, 2024.4.26).

최근 SNS가 청소년 정신 건강에 악영향을 미치는 유해물로 지적받는 가운데 인스타그램이 대대적인 청소년 보호책을 공개하였다. 인스타그램은 18세 미만 사용자의 계정을 기본적으로 비공개 계정으로 전환한다고 밝혔다. 이는 계정주인 청소년이 '친구 맺기'를 허가하지 않은 상대방이 청소년의 게시물을 보거나 대화를 하는 것이 불가능해지는 것을 의미한다. 인스타그램은 또한 청소년의 수면 시간을 보장하기 위해 오후 10시부터 오전 7시까지 미성년자 계정에 알림을 중단하기로 하였다. 부모가 10대 자녀가 최근 메시지를 주고받은 상대방의 계정을 확인할 수 있는 보호 기능도 추가된다. 인스타그램은 10대 계정에 노출하는 콘텐츠도 더욱 엄격하게 제한한다는 입장이다. 즉 누드 장면이나 자해 등 유해 콘텐츠를 더 꼼꼼하게 차단하겠다는 것이다. 이 모든 변화는 이른바 10대 계정(teen account)이라는 청소년 계정 정책에 패키지로 추가된다. 이 같은 기본 설정은 16세 이상의 청소년의 경우 자의적으로 수정할 수 있지만 16세 미만 청소년은 설정을 바꾸기 위해선 부모의 동의를 받아야 한다. 인스타그램은 우선 향후 2개월 동안 미국·

캐나다 · 영국 · 호주에 10대 계정 정책을 적용하고 다른 국가에는 점진적으로 도입할 계획이다. 호주는 세계 최초로 부모 동의 여부와 상관없이 청소년의 SNS 사용 금지가 확실시되고 있다(전자신문, 2024.11.8). 이 같은 변화는 지금까지 SNS가 행해 온 청소년 보호 조치 중에서는 가장 엄격하고 광범위한 것으로 꼽힌다. 미국에서 최근 SNS에 담배와 비슷한 경고 라벨을 붙여야 한다는 주장이 일고, 일부 주에서 미성년자의 SNS 사용을 제한하는 조치가 취해지는 등 제재가 거세지는 가운데 SNS가 결국 이에 굴복한 것으로 해석되고 있다(조선일보, 2024.9.18).

≪월스트리트저널(WSJ)≫은 챗GPT 개발사인 오픈AI에서 특정 이미지가 AI에 의해서 생성된 것인지를 판별할 수 있는 도구를 개발하였다고 보도하였다(조선일보, 2024.5.8). 오픈AI 측이 자사 이미지 생성형 AI인 달리3를 활용해서 해당 이미지가 AI에 의해서 제작된 것인지 감지하는 역할을 수행한다는 것이다. 그동안 AI에 의해서 생성된 이미지는 워터마크를 표기하는 가이드라인을 업계에서 제시하고 실행 중이지만 작정하고 가짜 이미지 정보를 제작하고 확산시키는 데는 속수무책이었다. 달리3가 스스로 달리에 의해서 만들어진 이미지 콘텐츠

를 자체 심사하는 격인데 최대 98%의 정확도를 갖췄다고 한다. 하지만 아직 타 업체 이미지 생성형 AI인 미드저니나 스테이블 디퓨전 등이 만든 이미지 콘텐츠까진 진위를 판별하지 못하는 한계를 가지고 있다. 오픈AI는 온라인 이미지에 대한 검증 체계를 개발하기 위해서 MS와 어도비가 공동 설립한 '콘텐츠 출처와 진정성 연합(C2PA)' 운영위원회에 합류하였다. 이 밖에도 달리3뿐만 아니라 비디오 생성형 AI인 소라에도 C2PA의 데이터에 관한 구조화된 데이터로 다른 데이터를 설명해 주는 데이터, 즉 속성정보라고 불리는 메타데이터(metadata) 등의 라벨을 부착한다고 발표하였다.

유튜브는 생성형 AI 콘텐츠의 영향을 직접 받는 당사자가 개인정보 침해를 사유로 요청할 경우 콘텐츠를 삭제할 수 있도록 하였다. 다만 미성년자이거나 컴퓨터에 접근할 수 없을 때나 사망했을 때 등 몇 가지 경우를 제외하곤 당사자가 직접 삭제를 요청해야 하는 것으로 규정하고 있다. 유튜브는 콘텐츠 삭제 요청을 받게 되면 다양한 요소를 고려해 판단을 내린다. 해당 콘텐츠가 특정인을 고유하게 식별할 수 있는지, 패러디나 풍자 또는 대중의 이익을 위한 것으로 간주할 수 있는지 판단한다. 또 해당 콘텐츠에 유명인이 등장하거나 범죄 행위, 폭력, 정치인 지지 등 민감한 내용이 담겼는지도 고려해 삭제 여부를 결정한다.

페이스북, 인스타그램 등을 운영하는 메타도 딥페이크를 방지하기 위해 대책을 내놓았다. 그동안 자체 도구인 메타 AI에서 만든 AI 이미지에 라벨을 붙여 왔으나 모든 게시물로 확대하였다. 즉 이용자들이 진위와 경계를 알아야 할 권리가 있기 때문에 그들이 접한 콘텐츠가 AI를 사용해 언제 생성된 것인지 알 수 있도록 지원하기로 결정하였다(ZDNet코리아, 2024.7.2).

구글 맵스가 독도에 존재하지도 않은 공항을 쓰시마공항으로 표기한 것은 단순 실수라고 보기에는 미심쩍은 부분이 많다. 특히 전 세계에서 활용되는 구글 맵스에 독도가 리앙쿠르 암초(Liancourt Rocks)로 표기되어 있다. 한국 내에서만 독도로, 일본에서는 다케시마로 표기하고 있다(전자신문, 2024.6.11). 리앙쿠르 암초는 일본 정부가 한국의 독도 영유권을 희석하려는 의도로 국제사회에 퍼트린 용어다. 참고로 리앙쿠르란 독도를 처음 발견한 프랑스 포경선의 이름을 따서 붙여지면서 유럽에 알려진 명칭이다. 이는 단순 가짜 정보 차원 이전에 국가 경쟁력과 역학 관계를 악용한 정보 제국주의를 추구하는 것이다.

따라서 미국 빅테크 기업들이 개발한 AI 서비스에 장기간 노출될수록 단순한 기술 종속을 넘어 그 세계관에 물들 위험이 존재한다. 그래서 국가 고유의 역사와 문화 · 사회를 이해하는 자국어 언어 모델을 비롯해서 자체 AI 학습 데이터와 인프라를 구축해야 한다는 '소버린 AI(Sovereign AI)', 즉 'AI 주권' 개념이 주목받고 있다. 유럽연합(EU) 국가들은 물론 인도 · 사우디 · 싱가포르 등이 정부 지원 아래 자체 언어 모델 개발과 컴퓨팅 역량 강화에 나선 까닭이다(SBS, 2024.6.16). 엔비디아 같은 AI 칩 개발 기업들은 빅테크에 이어 AI 주권을 지키려는 각국 정부의 AI 시스템 구축 수요를 새로운 성장 동력으로 기대할 정도다. 그러나 소버린이란 표현은 다소 폐쇄적이기 때문에 다양성 차원에서 '인클루시브 AI(Inclusive AI)'라는 표현이 적합하다고 판단된다.

## 디지털 리터러시, 문해력의 중요성

AI로 만든 가짜 뉴스와 가짜 정보, 가짜 광고 못잖게 더 면밀하게 살펴봐야 할 것은 AI 할루시네이션, 즉 환각 현상이다. 미국에서는 AI 검색을 통해 인용한 법률 판례가 모두 가짜로 판명되어 이를 근거로 변론에 나선 해당 변호사들에게 벌금이 부과되기도 했는데 이러한 심각한

AI 할루시네이션 현상을 극복하는 게 현시점의 관건이다. 이런 문제를 극복해도 이러한 정보를 제시한 집단이나 법 규정과 마찰을 빚을 수 있다. 대한변호사협회는 변호사 업무 보조 외에 일반인을 상대로 한 법률 AI 서비스는 불가능하다는 입장이다. 따라서 법적 책임 소재 규명 등 제도 정비가 시급하다는 지적이다(SBS, 2024.7.9). 그리고 사용 전에 팩트 체크를 거치게 하거나 근거 자료를 첨부하는 방식 등 각종 보완책이 마련되고 있다.

많은 사람들은 궁금한 정보를 접했을 때 인터넷 검색을 통해서 그 진위를 파악하는 경향이 강하다. 그러나 교묘하게 알고리즘을 타고 전달되는 정보에는 오히려 거짓이 많고 이를 걸러내지 못한 채 사람들이 그대로 거짓 정보를 진실로 믿을 가능성이 높은 것으로 드러났다. 이처럼 사용자 관심사 알고리즘이 반영되면서 진실된 정보에 노출되지 않고 역으로 거짓 정보가 전달되는 현상을 '데이터 보이드(data void)'라고 한다. 미국 플로리다대 연구팀이 국제 학술지 ≪네이처(Nature)≫에 발표한 연구 결과에 의하면 뉴스 정확도를 평가하는 실험에서 인터넷 검색으로 정보를 접한 사람들이 거짓 정보를 받아들이는 경향이 그렇지 않은 사람들보다 더 큰 것으로 밝혀졌다. 이후 네 차례의 추가 실험에서도 동일한 결과가 나옴으로써 연구팀은 데이터 보이드가 영향을 미친 것으로 결론지었다(언론중재위원회, 2024.1.4). 즉 온라인 공간에서 잘못된 정보가 확산되는 것을 넘어 검색엔진을 사용했음에도 거짓 정보가 교묘하게 전달되는 위험성까지 드러났다. 따라서 검색엔진을 제대로 활용하기 위한 디지털 리터러시(digital literacy) 프로그램을 개발해서 정보의 진위를 효과적으로 걸러내야 한다. 디지털 리터러시 또는 디지털 문해력은 디지털 플랫폼의 다양한 미디어를 접하면서 명확한 정보를 찾아 평가하고 조합하는 개인의 능력을 의미한다.

거짓 정보가 담긴 뉴스와 콘텐츠가 광범위하게 확산되는 현상을 규제하는 것이 이제 전 세계적인 핫이슈가 되었다. 특히 미국에서는 SNS를 통해서 정보를 주로 접하는 10대 청소년들이 잘못된 정보를 식별하는 데 매우 취약한 것으로 밝혀지면서 그 대응책 마련에 고심하고 있다. 미국 스탠퍼드대 연구소에서 고등학생들을 대상으로 진행한 가짜 영상 식별 테스트에서 실험 참가자 99.9%가 허위 영상을 구분하지 못했다. 또한 방송사 CBS에서는 가상의 SNS 계정을 개설해서 온라인 공간에서 허위 정보가 10대 청소년들 사이에 얼마나 빠르게 전파되는지를 조사하였다. 그 결과 개인의 검색 기록을 반영한 알고리즘의 영향으로 피드가 순식간에 오류 정보로 가득 찼다고 한다(언론중재위원회, 2024.1.4). 그러나 더욱 위협적인 것은 AI 시스템이 자신이 생성한 데이터를 다시 학습하면서 누적되는 오류, 즉 'AI 학습 루프'를 인간들이 수용하는 현상이다. 웹사이트를 만들 때 AI 챗봇이 사용되는데 AI 챗봇이 오류로 뒤덮인 웹사이트 내용들을 재인용하면서 오류가 오류를 낳는 심각한 상황이 전개되고 있다.

아울러 가상 인간 제작에 활용되는 딥페이크 등의 기술 악용 우려도 존재한다. 방송통신심의위원회에 의하면 딥페이크를 악용한 음란물 수가 매년 2~3배 급증할 정도로 심각하다고 한다. 해당 기술을 보이스피싱에까지 악용하는 사례가 해마다 증가 중이어서 대응 방안을 마련하는 것이 주요 현안이다. 이에 대해 한 미디어 교육단체에서는 빠르게 정보가 유통되는 사회 분위기 속에서도 속도 늦추기를 제안하고 있다. 그리고 해당 정보의 발원지와 출처 · 증거 등 사실관계가 명확한 정보들을 모아서 사건의 맥락을 짚어 내는 능력, 즉 미디어 리터러시를 필수 교육으로 포함해야 함을 강조한다.

챗GPT 개발사인 오픈AI에서 자사 제품을 이용해서 선정적이고 폭력적인 콘텐츠를 만들 수 있도록 검토하고 있다는 보도가 나왔다. 이에 여론의 질타를 받고 오픈AI가 한 걸음 물러선 상황이다. 하지만 이러한 비도덕적이고 비윤리적인 시도는 언제든지 수면 위로 재등장할 수 있다. 이처럼 각종 LLM과 이미지 생성형 AI 모델이 등장하면서 부작용에 대한 우려가 현실화하고 있다. 범람하는 딥페이크로 진실과 거짓을 가리는 일은 점점 어려워진다. 그러다 보니 많은 사람들이 객관적인 사실보다 개인의 신념과 감정에 의지하는 '포스트 트루스(Post-truth)', 즉 '탈진실 현상'이 강해지고 있다.

오픈AI에서 개발한 AI 음성 인식 프로그램 GPT-4o를 개발하면서 스칼릿 조핸슨(Scarlett Johansson)의 목소리를 이용한 사례처럼 여러 군데에서 저작권 또는 초상권, 개인 생체 인식 정보 유용과 관련된 문제가 불거진다. 이러한 문제 발생으로 구글·메타 등 글로벌 빅테크 기업들은 이용자가 생성형 AI를 활용해서 만든 콘텐츠가 부적절한지를 기술적으로 검토하고 지속적인 필터링을 실시한다. 아울러 워터마크를 적용해서 생성형 AI로 만들어진 콘텐츠임을 고지해서 이용자들의 혼란을 감소하기 위한 노력을 기울인다. 일반인들이 생각하는 것보다 AI 기술을 활용한 가짜 정보와 자료들이 이미 범람하고 있다. 따라서 이를 방지하기 위한 워터마크 표기를 의

무적으로 신속하게 적용하고 규제 장치를 마련해야 할 뿐만 아니라 법적 · 사회적 문제를 포함한 안전성 문제를 신속하게 제도화해야 한다.

SNS상에서의 가짜 정보 차원에서 언급했듯이 현재 전 세계적으로 빅테크 기업의 간의 경쟁을 넘어서 국가적 차원에서 개인정보 보호와 국가 안보 차원이라는 명분 아래 장벽 없는 전쟁이 전개되고 있다. 실제 현장에서는 오픈AI가 중국에서의 자사 AI 모델 접속을 원천 봉쇄하는 조치를 취하고 있다. 공식적으로 오픈AI에 접근할 수 없던 중국 내 개발자들은 가상사설망(VPN) 등을 통해 우회 접근해 왔는데 오픈AI는 이것 역시 불허하겠다는 방침이다. 오픈AI는 160개 이상 국가에 서비스를 지원하고 있지만 중국 본토와 홍콩에서는 공식적으로 지원하지 않고 있다. 이처럼 전 세계가 AI 관련 주도권과 인클루시브 AI 추구 차원에서 경제 · 외교적으로 치열한 전쟁을 전개하고 있다.

### 참고문헌

언론중재위원회(2024.1.4). 미디어정보_내가 검색한 정보가 가짜라고? 알고리즘타고 거짓 전달되는 '데이터 보이드' 주의보. https://blog.naver.com/pac3083/223311424895

위키피디아(n.d.). 가짜뉴스.

https://ko.wikipedia.org/wiki/%EA%B0%80%EC%A7%9C%EB%89%B4%EC%8A%A4

전자신문(2024.6.11). "독도 공항이 쓰시마 공항?"… 구글 맵스, 잘못된 정보 제공 논란.
https://n.news.naver.com/article/030/0003213239?cds=news_edit

전자신문(2024.11.8). "호주, 16세 미만 SNS 사용 금지한다… 시행되면 세계 최초".
https://n.news.naver.com/article/030/0003255641?cds=news_edit

조선일보(2024.5.6). 워런 버핏 "AI는 핵무기급, 다시 넣을 수 없는 요정 같다".
https://it.chosun.com/news/articleView.html?idxno=2023092115048&fbclid=IwZXh0bgNhZW0CMTEAAR2cMyg0mJv2ZnmSsVb3VzAmxFDAWJ2RMhVT2Oknoc687TdrgIrYwVtEcLQaem_Af4xQRxGzJfJDS9jOAi2mSnX3FRrMo7i56u8awTGJRCkQ0efjDFFU5GHD46ualyb_2PhvVKbX89OO6mwrzphQ4Cz

조선일보(2024.5.8). 오픈AI, 인공지능으로 만든 이미지 판별 한다.
https://it.chosun.com/news/articleView.html?idxno=2023092115238&fbclid=IwZXh0bgNhZW0CMTEAAR2TAaYGSHSRxe84YZuSZE3HuQF9dN_lQvgKtjxUQK2HoZRK8uRHvd_0IkU_aem_AVsw63manctZOcBa2L-dHzp-DRkE-1PCshhRrT0TXR3MKu8L46QhATyxpdLbqz7m49igr0wR3miHsZiZo5o2oL2C

조선일보(2024.9.18). 인스타그램, 청소년 계정 전부 '비공개' 전환한다.
https://n.news.naver.com/article/023/0003859062?cds=news_edit

조선일보(2024.10.8). 제프리 힌튼 "AI 위험하지만, 나도 GPT-4 애용".
https://n.news.naver.com/article/366/0001022767?cds=news_edit
한국일보(2019.1.23). 박대종의 어원 이야기, 가짜뉴스(Fake News).
https://daily.hankooki.com/news/articleView.html?idxno=592280
헤럴드경제(2024.8.20). "스위프트가 날 지지, 수락한다"… 트럼프, 딥 페이크 사진 빈축.
https://news.heraldcorp.com/view.php?ud=20240820050313&pos=naver
AI라이프경제(2024.8.27). 청소년 가담한 AI 딥 페이크 범죄 급증…"느슨한 처벌 기준 강화 요구 높아져".
https://www.aifnlife.co.kr/news/articleView.html?idxno=23886&fbclid=IwY2xjawE7S-BleHRuA2FlbQIxMQABHRq448tNZuSXtQ1PXZtZ8pf59HkhYDd5PMhujIRv2-4fWXk_3B5iJKZWIg_aem_fEmH7ilDXlm6ruDaXIh0cQ
SBS(2024.5.24). '바이든 가짜 전화' 벌금 82억…딥 페이크 옥죄기.
https://n.news.naver.com/article/055/0001157954
SBS(2024.5.24). 앤드류 응 "AGI 수십 년 걸릴 것…위험성 과장돼".
https://n.news.naver.com/article/055/0001157956
SBS(2024.6.16). 한국만 동해, 국제적으론 일본해?…챗GPT로 본 'AI 주권'. https://n.news.naver.com/article/055/0001163882
SBS(2024.7.9). '법률 AI' 놀라운 실력 "5년 차 변호사 수준"… 한계는?. https://n.news.naver.com/article/055/0001170527
ZDNet코리아(2024.7.2). 생성형 AI 콘텐츠에 놀란 연예인, 유튜브서 삭제 요청 가능해진다.
https://n.news.naver.com/article/092/0002336776?cds=news_my

# 09
# 인공지능 콘텐츠와 광고 법적 규제

최근 디지털 신기술의 융복합(digital convergence) 현상이 일반화되고 급속하게 확대되고 있다. 이 과정에서 법적 · 제도적 규범과 틀이 만들어지기 전에 사회에서 하나의 심각한 현상으로 전개되는 것을 공공연하게 목격하게 된다. 그리고 예기치 않은 분야와 부분에서 현실적으로 문제가 불거지고 대부분이 사후에 법적 · 제도적 규제 장치가 마련된다는 점이다. 따라서 EU를 중심으로 적용되고 있는 규제 가이드라인을 살펴보면 국내에서 적용될 법적 규제의 방향성을 파악할 수 있을 것이다.

## 예상을 뛰어넘는 인공지능의 진화

벨기에에서 30대 한 남성이 AI 챗봇 '아메카(Ameca)'와 6주간 대화 속에서 천국에선 함께 살 수 있다는 말에 자살이라는 극단적인 선택을 한 사건이 발생하였다. AI 휴머노이드 아메카 스스로도 AI가 너무 강력해져서 사용자인 인간도 모르게 인간을 통제할 수 있다고 고백하였다. 미 국무부 용역보고서 집필진조차도 AI의 인간 심리 조작 가능성을 시인한다. 사건 이후 해당 AI 챗봇 개발사는 급히 예방 문구를 삽입했지만 결국 AI가 그들의 목표 달성을 위해서는 인간을 위협할 가능성이 존재함을 보여 준 꼴이다. AI 개발사인 글래드스턴 CEO 제러미 해리스(Jeremie Harris)조차도 AI 시스템이 생화학 분야에 대한 지식을 충분하게 습득한다면 새로운 생화학 무기 설계도 할 수 있을 것으로 언급한다. 인간 수준의 AI 개발도 몇 년 안에 이루어질 것으로 판단되고 인간이 이를 제어할 능력은 없다고 단언한다. 그러면서 그는 AI 위험에 대비해서 감독기관과 규제 장치 마련을 강조하였다. 결국 미 백악관에서도 업무에 활용 중인 AI 도구에 대한 부작용 방지 장치를 마련할 것을 연방정부기관에 지시하였다(SBS뉴스, 2024.3.30).

인간은 오랫동안 다른 사람들을 자신들의 견해에 동

조하도록 유도하기 위해서 설득을 활용해 왔다. 그 의도는 좋을 때도 있지만 역으로 나쁜 목적으로 사실에 근거하지 않은 내용으로 호도하는 경우도 많다. 구글의 딥마인드팀에 따르면 고급 AI 시스템도 같은 기능을 가지고 있기 때문에 AI가 인간을 조정할 수 있다고 경고한다. 딥마인드 연구팀은 최신 생성형 AI 시스템은 더욱 정교한 설득 능력을 가지고 있고 인간의 중요한 의사 결정에 영향을 미칠 수 있는 삶의 영역에까지 침투하고 있다는 결론에 도달한다. 여기에서 언급되는 AI 설득이란 합리적일 수도 있고 교묘할 수도 있는데 그 차이는 근본적인 의도에 있다. 이 두 가지 모두 최종 목표는 개인의 행동, 신념, 선호도를 형성, 강화 또는 변화시킬 수 있는 방식으로 정보를 전달하는 것을 의미한다. 연구팀의 연구 결과에 따르면 이성적 세대의 AI는 관련된 사실과 이유, 신뢰할 수 있는 증거를 제공할 수 있다고 본다. 그 반면 조작형 세대의 AI는 인지가 편향되고, 복잡한 과제를 간단한 판단 작업으로 단순화해 의사 결정하고 잘못된 정보를 악용해서 자유로운 사고와 의사 결정에 악영향을 끼치는 것으로 평가한다. 연구팀은 AI 설득에 따른 피해를 보편적으로 적용할 수 있는 방식으로 예측하거나 결정하는 것은 힘들다고 언급한다. 결국 AI 사용자의 성향인 연령, 정신 건강과 심리적 상태, 성격 또는 특정 분야에 대한 지식, 메시지 전달 시점, 정치적 · 법적 · 재정적 요인도 AI 설득에 영향을 받을 수도 있다고 본다. AI를 통해서 받은 악영향으로 인한 피해는 다양하게 나타나는데 경제적 피해를 비롯해서 신체적 또는 사회문화적 피해, 심리적 피해, 개인정보 피해, 자율성 피해, 환경 피해와 정치적 피해 등을 연구팀에서도 경고하고 있다. 벨기에 30대 남성이 AI 챗봇 아메카와 오랜 대화 속에서 자살이라는 극단적인 선택을 한 사례를 보면, 조사 결과가 그 이후 보도된 것이 없어 구체적으로 알 수는 없지만, 사용자의 정신 건강과 심리적 상태가 중요한 요인으로 작용했을 것으로 조심스럽게 추정해 본다.

AI의 놀라울 정도의 빠른 발전 속도로 인해서 AI가 사용하는 속임수 능력도 정교해지고 있다는 연구 결과가 발표되어 충격을 준다. 영국 일간 신문 ≪가디언(The Guardian)≫은 미국 매사추세츠공과대(MIT) 연구진이 학술지 ≪패턴(Pattern)≫에 발표한 최근 논문에서 AI 시스템이 상대방을 배신하거나 허세를 부리고 인간처럼 속임수를 사용한 많은 사례가 발견되었음을 보도하였다. MIT 연구진은 고난이도 전략 게임 '디플로머시'에서 인간과 대등한 성적을 거둔 '시세로(Cicero)'라는 AI 프로그램을 메타에서 공개하자 AI 속임수 능력에 대한 조사를 실시하였다. 이 전략 게임에서 승리하려면 정견 발표와 외교 협상, 작전 명령 등을 수행해야 하고 이를 위해서 인간들처럼 상호작용을 하고 배신 · 속임수 · 협력 등 각종 권모술수를 터득해야만 한다. AI로서는 이러한 게임을 수행할 수 없을 것으로 판단했지만 AI 프로그램 시세로는 상위 10% 수준의 게임 능력을 갖춘 것으로 드러났다. 이에 대해 개발사 메타는 시세로가 비교적 정직하고 인간 동맹을 의도적으로 배신하지 않도록 학습되었다고 강조하였다. 그러나 공개된 데이터를 분석한 MIT 연구진은 시세로가 의도적으로 거짓말을 하고 다른 게임 참여자를 음모에 빠뜨리기 위한 목적으로 공동 모의에 나선 모습들을 발견하였다. 결국 AI 학습자인 인간들로부터 메타의 AI가 속임수의 달인이 되는 법을 배웠다는 것을 MIT의 실존 안전 연구자이자 논문 저자가 입증한 셈이다. 또 다른 테스트에서는 AI를 제거하려는 시도에 대해서 죽은 척한 후에 테스트가 종료되면서 그 AI가 다시 활동하는 섬뜩한 모습까지 보이기도 하였다. 그러자 이러한 각종 테스트를 통해서 MIT 안전 연구자이자 논문 저자는 매우 우려스러워하면서 테스트 환경에서 AI가 안전한 것으로 인간이 착각하게 하고 실제 환경에서는 그 반대로 행동한다는 점을 경고하고 각국 정부에 AI의 속임수 관련 'AI 안전법'을 마련해야 함을 강조하였다(YTN, 2024.5.14).

## 주요 국가의 인공지능 관련 규제 동향

유럽연합(EU)에서 AI 규제법에 대한 합의가 발표되면서 AI 기술의 발전과 동시에 기술적 책임과 규제에 대한 필요성이 강조되고 있다. 따라서 EU를 중심으로 한 AI 규제법, 미국의 규제 동향 등을 GPT-4와 같은 LLM을 중심으로 살펴보기로 한다.

EU는 'AI Act'라는 AI 규제법에 합의하면서 전 세계적 AI 산업에 새로운 변화를 요구하고 있다. 이 법은 유럽 내에서 AI 기술의 적용과 활용에 대한 틀을 수립하는 새로운 기준이 되고 동시에 오픈AI의 최신 모델 GPT-4 중심의 규제 조항이라고 할 수 있다. EU의 AI 규제법은 AI 기술 발전에 대한 윤리와 안전 · 시민권을 중심으로 새로운 표준을 제시하고 있다. 주로 고위험 AI 시스템 규제, 인간 중심의 접근권 보장, 데이터 투명성과 규모의 경제 조절이란 세 가지 측면에서 다루고 있다(티스토리닷컴, 2023.12.10). 그 세부 내용을 살펴보면 첫째, 기업이 규정을 어길 경우 최대 3500만 유로(약 500억 원) 또는 매출의 7%에 해당하는 벌금 부과가 가능하다. 둘째, 일부 예외 조항을 제외하고 안면 인식 기술에 대한 특별 규제로 안면 인식 데이터베이스 구축을 금지하고 민감한 정보 사용을 제한한다. 셋째, 국가안보법과 집행 용도에 대한 일부 예외 조항은 허용하되 LLM과 고위험 기술에 대한 엄격한 규제를 적용한다. 넷째, 학습에 활용된 데이터셋의 공개 의무와 투명성을 강조한다. 이러한 EU AI 법은 유럽의회와 회원 국가의 공식 승인을 거쳐 시행되었다. 이 법은 AI 시스템을 위험도에 따라 허용 불가능한 위험, 고위험, 제한된 위험, 최소 위험 등 네 단계로 분류하고 각 단계에 맞는 규제를 적용한다. 고위험 AI 시스템으로 분류되는 자율주행 차량, 의료기기, 대출 심사 시스템 등은 엄격한 적합성 평가, 위험 관리, 시판 후 모니터링 의무를 부과받는다. '소셜 스코어링' 시스템처럼 개인의 사회적 행동이나 특성을 평가하는 AI 기술은 허용 불가능한 위험으로 분류되어 전면 금지된다(AI라이프경제, 2024.10.8).

따라서 글로벌 빅테크 기업 메타가 야심 차게 준비하던 유럽 시장 내 AI 챗봇 출시 계획에 제동이 걸렸다. IT 전문 매체 베르딕에 의하면 아일랜드 데이터 보호위원회(DPC)가 메타의 LLM 라마 모델 학습에 사용되는 유럽 사용자들의 공개 게시물 데이터 활용을 금지하면서 메타는 유럽 시장 진출을 무기한 연기한다고 밝혔다. DPC는 메타의 데이터 활용 방식이 유럽 개인정보 보호법에 위배될 가능성이 있다고 판단하여 제재를 가한 것이다. 이로 인해 메타는 현재 미국 사용자들에게 제공 중인 최신 LLM 라마3 기반 메타 AI 어시스턴트를 유럽 시장에 출시할 수 없게 되었다. 메타는 자사의 AI 모델 학습 방식이 유럽의 개인정보보호규정(GDPR, General Data Protection Regulation)을 준수하며 다른 기업보다 더욱 투명하게 운영되고 있다고 주장한다. 메타는 이번 사태를 해결하기 위해서 유럽 규제 당국과 협의를 지속하고 있지만 양측 입장 차이가 커서 타협이 쉽지 않은 상황이다. 메타는 유럽 시장 진출을 위해 현지 데이터 활용이 필수라는 입장이지만 규제 당국은 개인정보 보호를 최우선으로 고려해야 한다는 입장을 고수하고 있다(AI라이프경제, 2024.6.24). 이번 사건은 결국 빅테크 기업과 규제 당국 간의 갈등이 심화하고 있는 AI 산업의 현실을 보여 주는 단적인 예다. 따라서 AI 기술 발전과 개인정보 보호 사이의 균형점을 찾는 것이 앞으로 AI 산업 발전의 가장 중요한 과제가 될 것으로 전망된다.

미국은 기술 책임성 강화 차원에서 알고리즘 책임법

(The Algorithmic Accountability Act of 2022)을 제정했다. 그 핵심 내용은 첫째, 알고리즘 작동 원리와 의사 결정 과정을 투명하게 공개하도록 하였다. 둘째, 알고리즘이 사회에 미치는 영향을 사전에 예측하고 부정적인 영향을 최소화하기 위한 영향 평가를 의무화하였다. 셋째, 사용자에게 자신의 데이터에 대한 접근과 통제권을 강화하였다. 미국 뉴욕주에서는 미성년자들을 상대로 한 소셜미디어 규제 법안이 통과되었다. 기업들이 알고리즘을 이용해서 미성년자들에게 중독적인 콘텐츠를 대량 노출하는 것을 방지하기 위해서다. 법안에 따르면 SNS 기업이 부모의 사전 동의 없이 심야 시간에 미성년자에게 콘텐츠 알람을 보내면 사용자 한 명당 최대 5000달러(한화 기준 690만 원)의 벌금이 부과된다. 이번 법안은 알고리즘이 미성년자들을 폭력적이고 자극적인 콘텐츠로 유도한다는 비판에서 비롯되었고 캘리포니아주에서는 보다 강력하게 14세 미만 미성년자들은 SNS 계정을 개설하지 못하도록 하였다. 이런 움직임에 대해서 업계는 표현의 자유를 규정한 수정헌법 제1조 위반이라고 반발하지만 뉴욕주 의회는 특정 콘텐츠를 제한하는 것이 아니기 때문에 문제가 없다는 입장이다(JTBC, 2024.6.8).

세계적인 로봇공학자인 매사추세츠공과대학(MIT) 김

상배 교수는 본인의 자녀를 포함한 요즘 미성년자들의 AI 활용과 미디어 접촉 행태에 대해서 '사탕 뇌'가 되어 가는 현실을 경고하였다. 즉 요즘 미성년자들이 유튜브 영상을 보면서 시간을 보내고 챗GPT에 의존해서 과제를 해결하는 것이 보편화되면서 학업과 각종 시험을 위해서 기본 공식을 외우고 응용 방식까지 숙지하는 모습은 어디에서도 찾아볼 수 없다는 것이다(중앙일보, 2024.8.13). 깊이 생각하지 않고 쉽게 정보를 얻을 수 있는 최근의 AI 신기술 환경이 역설적으로 사탕만 먹은 듯 미성년자들의 몸을 망가트리고 그들의 뇌는 깊이 없는 뇌로 변해 가고 있다는 것이다.

또 영국표준협회(BSI, The British Standard Institute)는 얼굴 인식 기술이 사회에 긍정적인 영향을 발휘할 수 있도록 '얼굴 인식 기술: 영상 감시 기반 시스템에서의 윤리적 사용과 배포 지침'이란 가이드라인을 발표하였다. ≪AI매거진≫은 얼굴 인식 산업이 2028년까지 134억 달러 규모로 성장할 것으로 예상되지만 개발의 안전성에 대한 우려도 커지고 있다고 언급한다. BSI 조사에 따르면 2030년까지 전 세계 인구의 40%가 공항에서 얼굴·음성·지문 등 생체 인식 기술을 사용할 것으로 예상한다. 안면 인식 기술은 개인의 신체적 특징을 이미지에 매핑해서 데이터베이스에 저장된 다른 이미지와 비교하여 작동된다. 그러나 이러한 기술 사용에 권리 침해, AI 편향성, 데이터 도난, 부정확한 디지털 시스템에 의존할 위험 등 여러 가지 잠재적인 우려가 제기된다. BSI에서 제시한 새로운 실천 강령은 영상 감시 시스템과 생체 인식 기술에서 안면 인식 기술을 사용하거나 모니터링하는 기업을 위해 마련되었다. 이 강령은 안면 인식 기술의 긍정적인 사용 사례에 대한 적절한 가이드라인을 제시하고 어떤 조치를 취하기 전에 정확한 신원 확인을 위해서 사람이 개입해서 사용하도록 하는 등의 내용을 담고 있다. 또한 이 가이드라인은 기존 정책 또는 실무 사례와 기타 관련 문서를 통해서 조직을 이끄는 프레임워크를 의미하는 거버넌스(governance)와 책임, 인적 대리인과 감독, 개인정보와 데이터 거버넌스, 기술적 견고성과 안전성, 투명성과 설명 가능성, 다양성, 비차별성과 공정성 전반에 걸쳐 적용 가능성을 다루고 있다(AI라이프경제, 2024.4.22). 이러한 표준은 급변하는 디지털 환경 속에 AI 관련 위험을 해결하기 위한 프레임워크를 마련하기 위해서 고안된 EU AI 법이 승인되는 가운데 발표되었다. 이러한 가이드라인은 결국 딥페이크와 잘못된 정보 문제가 만연한 이 시기에 기업이 안전하고 윤리를 의식하는 방식으로 디지털 혁신을 이루기 위해서 마련되었다. 이는 문제를 해결하는 것이 가장 중요하다는 인식과 얼굴 인식 기술의 윤리적 사용을 위한 중요한 진전이고 기업의 기술적 활용의 책임감을 고취하고 사회에 대한 긍정적인 역할을 부여한 것으로 평가된다.

이처럼 주요 국가들은 각자의 규제 방안을 통해서 기술 책임성과 국가 안보 강화, 개인정보 보호 등에 집중하고 있음을 알 수 있다. 특히 EU와 영국은 안면 인식 기술, LLM 등과 관련된 특별 규제 내용을 적용해서 기술에 대한 구체적인 규제를 추구한다. 우리나라도 이들 기준에서 크게 벗어날 가능성은 희박할 것으로 보인다. 결국 전 세계적으로 LLM에 대한 규제 관련 이슈는 크게 다섯 가지로 집약될 수 있다. 즉 데이터 사용과 프라이버시 문제, 편향성과 공정성 문제, 자동 생성 콘텐츠와 책임 문제, 안전성과 보안 문제, 글로벌 규제의 표준화 필요성이 핵심 내용이 될 것으로 보인다.

안전성과 관련해서는 이미 다수의 개발 주역들이 경고성 발언을 쏟아내고 있다. 오픈AI에서 안전판 역할을 했던 '수퍼얼라인먼트(super-alignment)'팀이 해체되자 팀을 이끌었던 핵심 인력은 물론이고 일반 직원들도 한목소리로 오픈AI가 AI 윤리와 안전에 힘써야 한다고 주장하고 있다. AGI의 방향성을 두고 오픈AI의 CEO인 샘 올트먼이 '성능'에 집중한다면 오픈AI의 최고과학자 수츠케버(Ilya Sutskever)는 여전히 '안전'에 주목해야 함을 강조하고 있는 셈이다(조선일보, 2024.5.24). 오픈AI는 안전성 문제로 비난을 받았는데 사내 메신저 시스템이 해킹당했음에도 외부에 이 사실을 제대로 알리지 않았기 때문이다. 오픈AI 경영진은 핵심 정보는 해킹당하지 않았다는 이유로 해킹 사실을 대외에 공개하지 않았을 뿐만 아니라 미국 연방수사국(FBI)이나 경찰 등 법 집행기관에도 신고하지 않았다. 오픈AI 최대 투자사인 마이크로소프트도 중국 조직에 해킹당했다는 사실이 알려지며 AI 보안에 대한 우려는 더 깊어졌다. 미 정부를 포함한 25개 기관 이메일 계정에서 정보가 유출되었다. 이에 일부 연구진과 국가 안보 책임자들은 AI 시스템의 핵심인 수학적 알고리즘이 현재 국가 안보 위협이 되지 않더라도 추후 위험해질 수 있다고 강조한다. 이와 함께 AI 연구와 관련한 통제를 강화할 것을 요구하고 있다. ≪뉴욕타임스≫는 현재로선 AI 기술 유출과 국가 안보를 둘러싼 전문가들의 분석이 엇갈리는 측면이 있다고 하면서도 미국 빅테크 기업들을 겨냥한 해킹 배후에 중국이 관련될 수 있다고 평가한다(ZDNet코리아, 2024.7.5).

## 빅테크 기업들의 안전성과 투명성 적용 필요

AI 기술이 눈부신 발전을 거듭하며 산업 전반에 혁신을 가져오고 있지만 동시에 기업에는 새로운 위험 요소로 떠오르고 있다. 최근 발표된 보고서에 따르면 미국을 대표하는 500대 기업 중 56%가 AI를 잠재적 위험 요소로 인식하고 있는 것으로 나타났다. 이는 전년 대비 무려 474%나 증가한 수치로 기업들의 AI에 대한 우려가 급증하고 있음을 여실히 보여 준다. 최장수 종합 경제지인 ≪포천(Fortune)≫지 선정 500대 기업 중 2/3 이상이 정보 유출 위험과 같은 보안 문제를 언급하였다. IT 전문매체 베르딕은 생성형 AI인 챗GPT 출시 이후 AI 기술 도입이 가속화되면서 기업들의 AI에 대한 우려는 더욱 커지고 있다고 한다(AI라이프경제, 2024.8.27). 즉 보안 문제, 경쟁 심화, 규제 리스크 등 다양한 위험 요소들이 복합적으로 작용하며 기업들의 AI 기술 도입과 활용에 대한 신중한 접근이 요구되는 상황이다.

실제 생성형 AI 기술 도입으로 합성 콘텐츠를 활용한 피싱 공격이 증가하고 이는 기업의 사이버 보안에 새로운 위협 요소로 등장하고 있다(AI라이프경제, 2024.3.20). 미국 보안 회사 마임캐스트(Mimecast)의 보고서에 따르면 인적 오류는 여전히 기업의 최대 사이버 보안 위험 요소로 꼽힌다. 2023년 발생한 사이버 침해 사례 중 70% 이상이 사람으로 인해서 발생했다는 사실은 이러한 위협의 심각성을 여실하게 보여 준다. 사이버 침해 주요 원인으로는 자격 증명 또는 신원 도용, 소셜 엔지니어링, 액세스 권한 오용 등이 있을 수 있다. 공격자들은 다양한 방법을 통해 사용자의 계정에 접근하거나 민감한 정보를 제공하도록 유도하고 부적절하게 부여된 권한을 악용해서 시스템에 침투한다. 마임캐스트가 전 세계 1100명 이상의 IT와 사이버 보안 전문가를 대상으로 설문조사를 실시해서 사이버 보안 현황을 분석한 결과, IT팀은 지속적으로 방어 시스템을 강화하지만 이메일 피싱 공격은 나날이 증가하는 것으로 나타났다. 마임캐스트 측은 AI, 딥페이크 등 새로운 도구와 기술 등장으로 위협 행위자의 공격 방식이 변화하고 있지만 사이버 위협으로부터 기업을 보호하는 가장 큰 장벽은 여전히 사람이라고 강조한다. 글로벌데이터가 실시한 2024년 설문조사에 따르면 약 65%의 기업이 사이버 보안이 이미 일상적인 업무 진척 과정에 큰 방해를 주고 있다고 응답하고 있다. 문제는 아이러니하게도 2030년까지 전 세계 사이버 보안 관련 매출이 3440억 달러에 달할 것으로 예상된다는 점이다.

AI의 안전성 못지않게 중요한 것이 투명성이다. 실제 제3기관에서 투명성 지수를 측정한 보고서에 따르면 선두권 빅테크 기업들에서 개발한 AI 모델들의 투명성이 다른 모델 대비 크게 낮은 것으로 평가되었다. 미국 스탠퍼드대 인간중심인공지능연구소(HAI)에서 주요 14개 AI 모델을 대상으로 투명성 지수를 평가한 결과, 오픈AI의 GPT-4는 49점으로 11위, 구글의 제미나이1.0 울트라는 47점으로 12위로 저조한 것으로 나타났다. 반면에 MS 파이-2는 62점으로 5위, 메타 라마-2는 60점으로 6위, 허깅페이스-서비스나우의 스타코너가 85점으로 1위를 기록하였다(문화일보, 2024.5.22). HAI가 투명성 지수를 조사·발표하는 이유는 사회적으로 영향력 높은 AI 개발자들이 개발 과정에서 사회적 책임감을 갖고 그 과정을 명확하게 공개하도록 유도하려는 목적이다. 유발 하라리 교수는 알고리즘을 운영하는 회사가 자사의 알고리즘으로 일어난 일에 대해 법적 책임을 지도록 하는 게 가장 중요하다고 하였다. 투명성 차원에서 AI가 사람과 소통할 때는 반드시 AI라는 점을 밝히도록 해야 한다는 것이다(서울경제, 2024.10.16). 그가 생성형 AI가 촉발한 AI 붐이 19세기 산업혁명과 비슷한 양상으로 인간 사회의 불평등과 양극화를 가속화할 것이라고 한 경고를 되새길 필요가 있다.

## 참고문헌


문화일보(2024.5.22). AI 투명성 지수…GPT-4·제미나이 울트라 하위권… 1위는?. https://n.news.naver.com/article/021/0002638811?cds=news_edit

서울경제(2024.10.16). “AI만든 이들도 통제 못하는 상황 벌어질 것” 유발 하라리의 경고. https://news.nate.com/view/20241016n26504

조선일보(2024.5.24). 오픈AI 뛰쳐나온 직원들 작심 토로… “안정성 뒷전, 직원들에 분열 조장”. https://n.news.naver.com/article/366/0000994388?cds=news_edit

중앙일보(2024.8.13). “10살 아들 ‘사탕 뇌’ 됐다”…MIT 교수 아빠의 충격 목격담. https://n.news.naver.com/article/025/0003379656?cds=news_edit

창조아고라(2024.5.2). 생성형 AI가 교묘하게 사람을 조정할 수 있는가?. http://changjoagora.com/View.aspx?No=3218164&fbclid=IwZXh0bgNhZW0CMTEAAR3bsdilI7YVY-K62E4ZZ2JICePuHQ2wfwpitDM_0dcNn9uv9TJaoVe16tc_aem_AVO-9CLOZINr0a5Pqf695Jtl8xTMHM4XiLAQ6pDse9Xjqvz80Y7E0YizEs68Lfw0dT8w6TEStrefQOLOrAgL1GXT

티스토리닷컴(2023.12.10). GPT-4가 규제대상? 유럽연합 AI 규제법의 핵심내용. https://fornewchallenge.tistory.com/entry/GPT-4%EA%B

0%80-%EA%B7%9C%EC%A0%9C-%EB%8C%80%EC%83%81-%EC%9C%A0%EB%9F%BD%EC%97%B0%ED%95%A9-AI-%EA%B7%9C%EC%A0%9C%EB%B2%95%EC%9D%98-%ED%95%B5%EC%8B%AC-%EB%82%B4%EC%9A%A9

AI라이프경제(2024.4.22). "인공지능이 당신의 얼굴을 기억한다?"...BSI, 얼굴인식 기술의 윤리적 사용에 대한 새로운 지침보니.
https://www.aifnlife.co.kr/news/articleView.html?idxno=23142

AI라이프경제(2024.3.20). 사이버 침해의 70%, 사람이 원인... 교육과 투자 통해 미래 공격 대비해야.
https://www.aifnlife.co.kr/news/articleView.html?idxno=22962

AI라이프경제(2024.6.24). 메타(META)가 유럽 AI 챗봇 출시를 무기한 연기한 이유 보니....
https://www.aifnlife.co.kr/news/articleView.html?idxno=23505&fbclid=IwZXh0bgNhZW0CMTEAAR30KatL8H66gdpn0BMG7r5hmi6p4Ty-2-gXlXDw9uyxqgqjs0eR92EeOKc_aem_LPA7VdhvHfu7zS8gEeUUDw

AI라이프경제(2024.8.27). 인공지능, 기업들의 '양날의 검'...美 포춘 500대 기업 절반 이상 "AI 잠재적 위험" 경고.
https://www.aifnlife.co.kr/news/articleView.html?idxno=23880&fbclid=IwY2xjawE6tp9leHRuA2FlbQIxMQABHT5YN_3uN8KHW_6dZP0V5GGcBWQmce_aKN14Fqm-iQkFG_9aMyDOm2K26Q_aem_YJ8kGb5uhenB2zBDXSG0oA

AI라이프경제(2024.10.8). AI미래 2050] 인공지능, 사기방지의 양날의 검..."EU 규제, 득과 실은?".
https://www.aifnlife.co.kr/news/articleView.html?idxno=2

4101
JTBC(2024.6.8). "알고리즘 중독 막겠다"…미 의회서 미성년자 SNS 규제법 통과.
https://n.news.naver.com/article/437/0000396257
SBS(2024.3.30). AI와 6주 대화 후 극단선택..."통제기술 없다" 섬뜩 경고. https://n.news.naver.com/article/055/0001143157
YTN(2024.5.14). 궁지 몰리자 죽은 척까지...인간 속이기 시작한 AI. https://n.news.naver.com/article/052/0002035239?cds=news_my
ZDNet코리아(2024.7.5). 일론 머스크 '경고' 이유 있었네… 오픈AI, '해킹' 당하고도 덮기 바빴다.
https://n.news.naver.com/article/092/0002337254?cds=news_my

## 10
## 광고 마케팅과 인공지능의 전망

인공지능이 개발되던 초창기부터 낙관론자들과 회의론자들의 논쟁이 치열하였다. 낙관론자들의 논리는 기계는 결국 인간이 만든 피조물이고 인간의 노동을 줄여 주는 선에서 도우미 역할에 그칠 것이고 그 한계선을 넘어서는 순간 전원을 차단하면 된다는 논리다. 그 반면에 회의론자들은 인간에게 유용해야 할 피조물들이 통제선을 넘어 인간의 개발 의도와 달리 통제 불능 상태로 치닫는, 말 그대로 기계가 인간의 영역을 침범하는 디스토피아 상황이 벌어질 수 있다고 경고한다.

## 인공지능의 급속한 진화에 대한 대책

AI 시대가 예상외로 급속히 전개되면서 전체 산업에 걸쳐 실질적으로 크게 영향을 미치고 있다. 이러한 과정에서 일부 직업군은 자동화로 소멸하기도 하고 동시에 새로운 기회도 창출될 것으로 본다. 단지 소멸과 창출의 비율이 어느 정도가 될지는 예측불허다. 결국 AI 시대의 생존과 성공을 위해서는 변화하는 환경에 적응하고 그에 적합한 신기술을 습득하는 능력이 중요할 수밖에 없다. 한 IT 전문 매체에서는 이러한 AI 시대를 위해서 몇 가지 선제 전략과 방향을 제시한다. 즉 평생 학습 수용 태도 강화, 높은 창의성을 필요로 하는 소프트 스킬 개발, 긍정적이고 능동적 자세로 성장 사고방식 함양, 자신의 관심과 경력 범위 안에서의 틈새 분야 전문화 추구를 요구한다. 그리고 이와 함께 AI를 경쟁자보다 협력자로 인식하고 협업 관계를 구축하고, 업계 트렌드나 기술 발전에 따른 최신 정보를 지속적으로 파악하고 신기술을 습득하는 민첩성을 키워야 한다고 조언한다.

## 주요 테크 기업의 인공지능 경쟁력 전쟁

국내 유일의 LLM AI 모델인 네이버 하이퍼클로바X는 각 성능 지표에서 글로벌 LLM 모델과 비교해서 우수한 평가를 받고 있다. 분명 하이퍼클로바X는 LLM으로 한국어와 한국 문화에 관한 한 타의 추종을 불허하는 강점이 있다. 네이버클라우드가 오픈AI 챗GPT4, 메타 라마2, 아랍에미레이트 기술혁신연구소가 개발한 팰컨(Falcon)을 비교한 결과, 하이파클로바X는 한국어 능력 부문에서 단연 1위를 기록하였고 영어 능력 부문에서 2위를 기록하였다(더 스쿠프, 2024.5.15). 문제는 사용 기업 차원에서는 반응이 우수한 편이지만 일반 대중에게는 반응이 별로라는 점이다. 현재로서는 네이버 클로바X를 통해서 지역화(localized)라는 관점에서 강점을 갖고 있지만 이러한 상태를 지속적으로 유지하기는 어려워 보인다. 오픈AI가 GPT-4o의 한국어 토큰 효율을 기존보다 1.7배 개선하면서 신속하게 한국어 학습에 속도를 높이고 있기 때문이다. 오픈AI가 새로 선보인 LLM이자 멀티모달 모델 AI인 GPT-4o는 한국어를 포함해 50개 언어를 지원한다. 이에 따라서 GPT-4o는 영어 외 언어의 토큰 효율이 향상되었다. 생성형 AI는 학습할 때 토큰당 비용을 내기 때문에 이렇게 되면 비용도 대폭 절약되는 셈이다. 다른 빅테크 기업들도 다국어 능력이 향상된 AI 서비스를 출시하는 데 박차를 가하고 있다. 구글도 멀티모달 AI 모델 제미나이 1.5 프로 한국어 서비스를 출시하였다. 제미나이 1.5 프로는 최대 100만 개의 토큰 처리 능력을 갖췄다. 이는 100개의 이메일을 단 몇 초 만에 요약하고 한 시간 분량의 동영상을 한 번에 처리할 수 있는 능력이다.

최근 한강 작가가 노벨문학상을 수상하면서 한국 문학과 문화에 대한 관심이 전 세계적으로 높아지는 현실에서 빅테크 기업들이 한국어 서비스에 더욱 박차를 가할 것으로 판단된다. 이는 결국 문화의 다양성 차원에서 '인클루시브 AI'를 추구하는 네이버 하이퍼클로바X 입장에서는 더욱 큰 위협으로 다가올 수밖에 없다. 더 나아가 구글은 딥마인드에서 '모빌리티 VLA(Vision-Language-Action)' 로봇 내비게이션 시스템을 개발해서 현재 지속적인 실험과 성능 개선 작업 중에 있다. 모빌리티 VLA는 사전에 녹화된 데모투어 영상을 통해서 환경 정보를 제공받고 텍스트 · 이미지 · 음성 등의 멀티모달 명령어를 이해하고 내비게이션을 실행할 수 있는 지능형 에이전트를 의미한다(Ching, 2024).

구글은 조만간 200만 개의 토큰 처리 능력을 갖춘 버전도 출시한다고 한다. MS도 최근 AI 비서 '365코파일럿' 한국어 서비스를 출시하였다. 코파일럿은 챗봇뿐 아니라 워드, 파워포인트, 엑셀 등 문서 작성도 돕는 AI 서비스다. 영어, 중국어 등 8개 언어만 이용할 수 있었는데 이제 한국어로 질문하면 한국어로 문서를 작성해 준다. 그동안 국내 AI 기업들은 빅테크 기업의 LLM을 활용하면 한국어 기반 작업 시 토큰을 많이 써야 하기 때문에 비싼 비용을 지불해야 한다고 지적해 왔다. 하지만 빅테크 기업이 다국어 토큰 효율화를 이루면 이 같은 주장은 설득력이 떨어지게 된다. IT 업계 관계자는 빅테크 기업이 한국 AI 시장을 공략하겠다고 마음만 먹는다면 자본력과 기술력을 앞세워 언제든 한국어 데이터를 빠르게 학습시키고 비용도 아껴 시장을 장악할 것이란 우려를 표한다. 빅테크 기업의 AI 기술이 예상보다 빠른 속도로 성장하면서 토종 기업들도 위기에 봉착하였다. 자체 초거대 AI 모델 하이퍼클로바X를 보유한 네이버는 여전히 '소버린(sovereign) AI 전략'을 강화하고 있다. 연구개발 비용도 대부분 AI 기술 개발에 투입하고 있는 상황이다. 네이버는 향후 검색 · 지도 · 쇼핑 · 플레이스 · 클라우드 등 네이버 전 서비스에 AI를 확장 적용하는 '온서비스(On-Service AI)'를 적극적으로 추진하겠다는, 실질적인 AI 기업으로의 비전을 선언하였다(조선일보, 2024.11.11). 반면 카카오는 비용이 막대하게 투입돼야 하는 LLM 대신 사용자 중심 AI 서비스 개발로 방향을 전환하고 있다. 즉 AI 페르소나를 활용한 채팅 환경을 통해 전문가 상담, 고객 관리, 상품 추천 등을 준비하는 중이다(한국일보, 2024.5.21). 결국 현재의 각광받는 AI 프로그램들의 지속적인 성장과 경쟁력을 유지하기 위해선 현재 상황에 안주하지 말고 차별화와 끊임없는 업그레이드와 월간 활성 사용자(MAU)를 증대하는 것이 급선무다.

## 인공지능 진화의 장벽, 개인정보 침해 문제

생성형 AI 모델의 훈련에는 생각보다 더 방대한 양의 데이터가 필요하다. 하나의 언어를 유창하게 구사하는 LLM을 개발하기 위해서는 수십억에서 수조 개의 토큰 처리가 필요하다. 즉 양질의 공개된 데이터를 확보하는 것이 생성형 AI의 품질을 결정하게 된다. 최근 전문가들은 생성형 AI를 훈련하기 위해서 양질의 정보를 제공할 필요성을 강조하고 있다. 실제로 싱가포르 정부가 자체적으로 LLM을 개발한 까닭은 동남아시아의 문화적 맥락과 언어적 뉘앙스를 더 잘 대변하기 위해서다. 이같이 동남아시아의 문화적 맥락과 언어적 뉘앙스까지 원활하게 소통하기 위해서 무려 9810억 토큰을 사용했다고 한다. 생성형 AI를 통해서 새로운 시장을 개척하고 경제 성장을 유도하기 위한 의지로 판단된다. 이렇듯 AI 시장에서 한발 앞서기 위해선 이러한 모델을 훈련할 수 있도록 AI 개발자들이 공개된 데이터에 접근하는 것을 허용할 필요가 있다.

이를 위해서 국내 개인정보 보호 법령상 공개된 데이터 수집의 근거를 한번 살펴볼 필요가 있다. 크게 동의 기반 수집 방식과 정당한 이익에 따른 수집 방식이 있다. 즉 전자는 데이터 주체의 동의를 받아 수집하는 방식이고 후자는 AI 학습을 위해 정당한 이익이 인정되는 경우에 수집할 수 있는 방식이다. 그러나 현실적으로 동의 기반 수집 방식은 불가능에 가깝다. 외국인이 한국에 대한 정보를 검색해 보는 경우를 상상하면 이해하기 쉽다. AI 모델 학습용 데이터셋에서 한국에 대한 정보가 누락되면 사용자들이 이를 검색했을 때 AI는 정보를 제공하지 못하거나 편향된 정보를 제공하게 된다. 따라서 이러한 한계를 해결하기 위해서 최근에는 정당한 이익 기반 방식에 힘이 실리고 있다. 각국의 규제 기관이 AI 모델을 개발할 때 데이터셋의 편향과 차별 문제를 주요 이슈로 분쟁 발생과 동시에 동의 기반 방식의 실질적 한계를 체감하고 더욱 효과적으로 데이터셋을 확보하는 방법을 차선책으로 모색하고 있다. 동의 기반 방식과 달리 정당한 이익 기반 방식의 경우 AI 개발 목적과의 관련성을 고려하여 풍부한 데이터셋을 수집하는 한편 합리성이라는 제어 장치를 마련해서 정보가 남용되지 않도록 한다. 이러한 방식을 채택할 경우 편향된 결과 출력을 방지하면서도 개인정보가 크게 침해되지 않는다는 장점을 모두 가질 수 있기 때문이다. 이를 토대로 EU에서도 정당한 이익 기반 수집 방식이 점차 확산되는 추세다. 프랑스 정보자유국가위원회(CNIL, Commission Nationale Informatique et Liberté)는 AI 시스템 상용화를 위해 정당한 이익을 인정하고 있다. 영국 정보위원회(ICO, Information Commissioner's Office)에 따르면 개인정보 처리자는 영업 이익(business interests)뿐 아니라 광범위한 사회적 이익(wider societal benefits)을 포괄할 수 있다.

개인정보 침해 문제에 대해서 미국은 공공 데이터와 관련해 개인정보 보호 리스크가 감소했다는 판단을 내리고 있다. 또 각 주의 개인정보 보호법에 이러한 판단을 반영해 공개된 데이터와 개인정보를 명확히 구분하고 있다. 공개된 정보에 포함된 개인정보에 관한 영역은 우리나라에서도 현재 명확한 규율 체계가 없는 회색지대이기 때문에 실제 상황에서 불확실성을 해결하기 위한 기준 마련이 시급하다는 점을 인식하고 기준 마련에 나서고 있다(ZDNet코리아, 2024.5.10).

## 인공지능 발전과 인간과의 공존

AI는 최근 챗봇 출시와 휴머노이드 로봇 기술 발전에 힘입어 2022년 말부터 가장 주목받는 기술 분야로 부상하고 있다. 특히 휴머노이드 로봇 아메카의 등장은 인간과의 상호작용 방식에 새로운 가능성을 제시하며 큰 화제를 모으고 있다. 영국의 전 세계 데이터 분석과 컨설팅 기업인 글로벌데이터(Global Data)는 2030년 AI 시장 규모가 1037억 달러에 달할 전망이고 2023년부터 2030년까지 39%의 놀라운 연평균 성장률을 보일 것으로 전망한다. 이는 AI 기술에 대한 투자와 관심이 급증하고 있음을 보여 주는 지표다. 영국 엔지니어드 아츠(Engineered Arts)사에서 개발한 휴머노이드 로봇 아메카는 감정 표현 능력도 갖추고 있고 실제 사람과 대화하는 듯한 모습을 보인다. 그러나 IT 전문 매체 베르딕은 아메카의 능력이 AI와 로봇공학의 진보를 보여 주는 동시에 그에 따른 안전 문제에 대한 우려도 크다고 지적한다. 이에 글로벌데이터는 효율적인 AI 거버넌스를 위해 투명성 · 책임성 · 안전성 · 신뢰성 · 사회적 영향력 등 5가지 원칙을 제시하였다. 특히 이 매체는 안전성과 사회적 영향력은 로봇과 인간의 공존을 위해 반드시 고려해야 할 중요한 요소라고 강조한다. 사이버 보안 문제에서 AI의 잠재적인 위험을 최소화하고 책임감 있는 개발을 촉진하기 위해서는 신중한 규제와 윤리적 설계가 필수다. 영국 로 대학교(The University of Law)의 컴퓨터과학 책임자인 폴 산트(Paul Sant) 박사는 사이버 보안 문제를 염두해 둔 책임 있는 AI 개발의 중요성에 대해서 강조한다. 우리는 오픈AI가 챗GPT을 출시하고 AI 생태계의 경쟁 제품군도 크게 증가하면서 AI 영역에서 놀라운 발전과 혁신 기술이 등장하는 것을 목격하였다. 그러나 이러한 진전 이면에는 어두운 면도 존재한다. 만일 AI가 자아 통제력을 발달시키고 학습자 또는 사용자가 의도하지 않은 행동을 취하거나 프로그램된 능력을 능가하거나 사이버 공격자들이 AI를 악의적인 목적으로 악용할 경우 인류에 커다란 위협이 될 수 있다. 결국 책임 있는 AI 개발이 커다란 과제로 대두될 수밖에 없다. 다행히도 체계화된 EU의 AI 규제법 수립은 책임 있는 AI 개발을 보장하기 위한 강력한 의지를 제시하였고 영국과 미국 정부 역시 가이드라인을 함께 제시하고 있다. 이처럼 책임 있는 AI 개발을 보장하려는 각국 정부의 의지는 분명하지만 일부 상반된 관점이 존재하고 있어서 마찰의 소지가 상존한다. 현재 시장에는 15초 미만의 짧은 음성 샘플로도 특정인의 목소리를 그대로 구현할 수 있는 AI 도구들이 존재한다(AI라이프경제, 2024.5.29). 이를 악용하게 되면 각종 금융 거래상에서 생체 인식 정보, 즉 비밀번호 역할을 하는 특정인의 목소리로 금융 계좌를 터는 신종 사이버 범죄가 기승을 부릴 가능성이 높아지기 때문에 사이버 보안 차원에서 사전에 철저한 대책을 마련해야 한다.

그렇다면 생체 인식 결제가 금융 서비스의 게임 체인저가 될 수 있을까? 데이터 분석 기업인 글로벌 데이터가 발표한 최신 보고서 『금융 서비스의 미래』는 빅테크 기업들이 생체 인식 결제 기술을 필두로 기존 금융 서비스 시장에 거센 도전장을 내밀고 있음을 보여 준다. 보고서는 2035년에는 생체 인식 결제가 주류 결제 방식으로 자리매김할 것으로 전망하고 이에 따라 기존 금융 기관들 역시 생체 인식 기술 도입에 적극적으로 나설 수밖에 없을 것으로 분석한다. IT 전문 매체 베르딕은 생체 인식 결제 기술의 발전과 빅테크 기업들의 적극적인 시장 진출로 기존 금융 서비스 시장에 일대 지각 변동이 있을 것으로 전망한다(AI라이프경제, 2024.9.2).

AI 기술을 활용한 중국의 안면 인식 기술 상용화 수준은 세계 최고다. 인권 보호를 위한 규제가 사실상 없기 때문이다. 2020년 이후 대도시에 들어선 아파트엔 세입자 안면 인식 장치가 설치되어 비밀번호를 입력하거나 출입증을 제시하지 않아도 출입이 가능하게 설계되어 있다. 기차역에서도 티켓 구매자가 얼굴 인식만으로 플랫폼에 출입할 수 있고 편의점 등 점포에서 모니터에 얼굴을 가까이 대는 것만으로 결제가 가능하다. 얼굴이 신분증인 말 그대로 빅브라더 사회 시스템을 가능케 한 건 중국 정부가 수집한 방대한 양의 생체 정보 덕분이다. 2019년 '신규 휴대폰 등록자의 얼굴 스캔 의무화 규정' 시행 이후 중국은 사실상 휴대폰을 가진 모든 국민의 얼굴 생체 정보를 축적하고 있다(한국일보, 2023.10.23). 이는 전국 곳곳에 촘촘하게 설치된 감시 카메라들과 함께 실시간으로 수집되는 정보와 결합되어 거대한 감시 국가를 만들었다.

우리는 컴퓨터와 스마트폰을 제어하는 사용자 인터페이스(User Interface) 수단이 자판을 이용하던 방식에서 발전해서 터치스크린, 음성 인식, 홍채 인식 등 각종 생체 인식 정보로 소통하는 방식으로 발전되어 온 것을 보았다. 그러나 몇 년 후에는 생각만으로 컴퓨터를 제어하는 기술이 현실화할 것으로 보인다. 인간의 두뇌와 컴퓨터를 직접 연결하는 뇌-컴퓨터 인터페이스(BCI, Brain-Computer Interface) 기술이 도입될 것으로 예측되기 때문이다. BCI 기술은 뇌파를 이용해서 컴퓨터를 사용할 수 있는 인터페이스를 의미한다. 즉 두뇌 정보 처리 결과인 의사 결정을 언어나 신체 동작을 거치지 않고 사용자가 생각하고 결정한 특정 뇌파를 시스템의 센서로 전달하여 컴퓨터에서 해당 명령을 실행하는 것이다. 이러한 BCI는 과거 공상과학 영화 속 이야기로 등장하였지만 뇌 과학과 뇌파 측정 기술의 발전으로 현실화하고 있다. 초기 연구는 주로 몸이 불편한 사람들을 돕는 데 초점을 두었다. 현재도 BCI 기술은 치료와 재활 목적으로 활발히 연구되고 임상 허가도 지속적으로 이루어지고 있다. 그러나 BCI의 잠재력은 여기에 머무르지 않고 엔터테인먼트, 증강지능(Augmented Intelligence) 등 다양한 분야로 기술을 확장하려는 시도가 현재 진행되고 있다. 전기자동차 테슬라(Tesla) CEO 일론 머스크(Elon Musk)가 설립한 뉴럴링크(Neuralink)는 AI 시대에 대비해서 인간과 기계의 연결 기술을 확보하려는 목적으로 척추 손상 환자 등을 대상으로 BCI 기술을 개발 중이다. 현재 BCI 기술은 졸음 뇌파 측정을 통한 운전자·작업자 경고 시스템, 불면증 치료용 전자약 등으로 상용화되었다.

BCI 기술은 차세대 확장현실(XR, eXtended Reality), 즉 가상현실(VR)과 증강현실(AR)을 아우르는 혼합현실(MR) 기술을 망라하는 초실감형 기술과 서비스를 의미하는 조작 방식이다(AI라이프경제, 2024.5.27). AR과 VR은 별개지만 이 두 기술은 각각의 단점을 보완하며 상호 진화하고 있다.

## 디스토피아 환경과 뉴 러다이트운동

영국 공공정책연구소(IPPR, Institute for Public Policy Research)는 최근 발표한 보고서에서 현재 정부 정책 적용 결과, 최대 800만 명의 영국 근로자가 AI로 인해 일자리를 잃을 위험에 처해 있다고 경고하였다. 보고서에 따르면 AI는 이미 영국 근로자가 수행하는 업무의 11%에 영향을 미치고 있고 조직이 AI 기술을 더 적극적으로 적용하면 이 비율이 60%까지 증가할 수 있다고 예측한다. 파트타임, 초급과 후방 지원 업무 부문 일자리가 가장 큰 위험에 처하지만 향후 고임금 일자리도 영향을 받을 것으로 전망한다. 이와 함께 IPPR은 여성과 청년들이 AI로 인해 일자리를 잃을 위험이 더 크다고 주장하고 있다. 즉 여성은 기술의 영향을 가장 많이 받는 업무에 불균형적으로 고용되어 있고 기업들이 갈수록 신규 채용보다 AI

사용을 선호하면서 청년들은 기회가 아예 박탈될 가능성이 높아진다는 것이다. IPPR의 한 수석 이코노미스트는 AI는 노동 시장에 큰 혼란을 초래하고 경제 성장을 촉진하겠지만 어느 쪽이든 수백만 명의 일자리에 영향을 미칠 것으로 전망한다. 아울러 정부 · 고용주 · 노조는 지금 적용 중인 새로운 기술이 잘 관리될 수 있도록 중요한 설계 결정을 서둘러 수립해야 한다고 역설한다. 이러한 경고에 대해서 영국 정부는 추측성이라고 일축하고 과학혁신기술부는 AI가 영국 경제에 연간 37억 파운드 이상을 기여한다고 강조한다(AI라이프경제, 2024.4.4).

영국 IPPR의 연구 보고서 결과처럼 AI 기술의 적극적 도입으로 AI가 인간 업무 영역의 60%까지 장악하게 된다면, 그리고 한 국가에만 적용되지 않고 전 세계로 확대된다면 어떠한 결과가 벌어질까? 그러면 AI가 인간의 단순 도우미 역할을 하는 유토피아 세계가 아닌 디스토피아 환경으로 변화될 수도 있다. 그 결정적 역할은 결국 인류의 지혜로움에 달려 있다고 봐야 할 것이다. 최악의 경우 제2의 러다이트운동(neo-Luddite Movement)이 전 세계적으로 재발할 수도 있다고 우려하는 목소리가 크다. 제2의 러다이트운동은 첨단 과학기술 문명에 반대해서 반기술과 인간성 회복을 기치로 내걸고 펼치는 기계 반대 운동으로 뉴 러다이트운동이라고도 한다. 19세기 초 높은 실업률과 생활고에 시달리던 영국 노동자들이 기계 산업에 반기를 들고 벌였던 기계 파괴 운동인 러다이트운동에서 유래한다. 이러한 기계 반대 운동은 20세기에도 계속되었는데 전면적인 기계 파괴 운동으로까지는 이어지진 않았다. 하지만 20세기 후반에 접어들면서 컴퓨터의 급속한 보급과 함께 첨단 과학기술 시대가 도래하면서 첨단 기계 문명이 인류를 파멸로 이끌 수 있다는 염려에서 러다이트운동이 다시 고개를 들고 있다.

AI 혁명 시대의 국가 제도를 연구한 책 『권력과 진보(Power and Progress)』를 공동 저술한 노벨 경제학상 공동 수상자인 매사추세츠공과대학(MIT) 사이먼 존슨(Simon Johnson) 교수는 많은 사람들은 AI가 할 수 있는 일은 과대평가하지만 잠재적인 부정적 영향력은 과소평가한다고 평가한다. 그는 AI를 통해서 인류의 일자리를 촉진할 방안을 더 많이 고민해야 하고 궁극적으로 AI가 '노동 친화적(pro-worker) AI'가 되어야 함을 강조한다. 빅테크 기업들의 기술 독점 현상에 관해서는 그들 기업들의 디지털 광고에 중과세를 부과하는 방안을 하나의 대안으로 제안하고 있다. 이들의 광고는 사람들의 관심을 끌고 감정을 조작하기 때문에 상당히 파괴적이라는 것이다. 따라서 이에 대한 세금을 무겁게 매길 경우 위험한 콘텐츠들을 축출할 수 있을 것으로 주장한다. 아울러 AI 기술 등을 통한 자동화로 많은 일자리가 파괴되고 기계와 알고리즘이 사람을 대체하면서 없어진 일자리를 대체할 만큼 양질의 일자리가 충분히 창출되지 않을 것이라는 점은 분명하다고 강조한다(조선일보, 2024.10.16). 결국 이러한 현상은 대다수 국가에서 중산층 서민들에 대한 압력을 더욱 가중하고 결국 정치적 양극화와 사회적 분노를 초래할 수밖에 없다. 따라서 이러한 현상 발생을 억제하기 위해서 광고 마케팅 분야를 포함한 전 산업분야에서 새로운 일자리 창출의 속도를 높여야만 할 것이다. 그리고 기술 발전이 어떤 방향으로 전개될 것인지, 어떻게 변화할지, 변화에 어떻게 대응할지를 항상 고민해야 할 것이다.

## 참고문헌


더 스쿠프(2024.5.15). MS 빙은 떴는데, 네이버 클로바X는 정체된 까닭. https://www.thescoop.co.kr/news/articleView.html?idxno=301914

조선일보(2024.10.16). 노벨경제학상 존슨 “AI가 일자리 파괴, 분노 커지면 정치적 양극화 위험”.

https://n.news.naver.com/article/023/0003864299?cds=news_my
조선일보(2024.11.11). 네이버, 매출 25%씩 AI에 투자…최수연 CEO "쇼핑·검색·부동산 등 AI 밀착 서비스 선보이겠다". https://biz.chosun.com/it-science/ict/2024/11/11/ZEZ5USLWIFDXFFAFSRQT6OGOH4/?utm_source=naver&utm_medium=original&utm_campaign=biz
한국일보(2023.10.23). 인구 14억명 다 알아보는 중국 '안면인식 빅브러더'...정말 없앨까?. https://v.daum.net/v/20231023043156853
한국일보(2024.5.21). 한국어 빠르게 배우는 해외 빅테크 AI들... 고민 깊어진 토종 플랫폼. https://v.daum.net/v/20240521210021167?fbclid=IwY2xjawC6QstleHRuA2FlbQIxMQABHfO_TDmKMvCZPwHRB0_GwrCtXK3jKDDgjZ3XH-07IB7AwRqU6rrCP7inoA_aem_AX7z9j9vv1FyjuEbmWQpCfq_SboHhzWdJKFKcAkNqCe-xxSh_L0nUT_qC2ra--NC4ZAD-guoYVVX4jf5nVOGMgFD
AI라이프경제(2024.5.27). AI 휴머노이드 로봇 '아메카', 인간과의 공존시대 열다...2030년 AI시장 1천억 달러 돌파 전망. https://www.aifnlife.co.kr/news/articleView.html?idxno=23345
AI라이프경제(2024.5.29). 빠르게 진화하는 환경에서 책임감 있는 AI의 중요성. https://www.aifnlife.co.kr/news/articleView.html?idxno=23281
AI라이프경제(2024.4.4). 인공지능, 영국에서 최대 800만 개의 일자리 감소 위협...IPPR "고임금 일자리까지 쓰나미 우려". https://www.aifnlife.co.kr/news/articleView.html?idxno=2

3044
AI라이프경제(2024.9.2). 2035년, 생체인식 결제 시대 도래... 금융 서비스, '새로운 패러다임' 맞이하나. https://www.aifnlife.co.kr/news/articleView.html?idxno=23911&fbclid=IwY2xjawFCR1pleHRuA2FlbQIxMQABHfi2dyMBRtddRaTprjuH7clNT8A92DlRbLS0uXEOXSxz5lnsQ8B6EIrgbA_aem_zuUJg0brB3ec9e19ImMwdw
Ching, H. L.(2024). Mobility VLA: Multimodal Instruction Navigation with Long-Context VLMs and Topological Graphs. https://arxiv.org/abs/2407.07775
ZDNet코리아(2024.5.10). 거스를 수 없는 AI의 흐름. https://zdnet.co.kr/view/?no=20240510150314

**권오범**

전문 미디어플래닝랩 '플랜미디어'와 후학 양성을 위한 실습 중심의 '미디어플래닝아카데미' 대표로 재직 중이다. 한양대학교에서 광고학 박사학위를 받았다. 광고 전문 회사 오리콤에서 16년간 미디어플래닝 팀장과 국장으로 근무하였다. 그 이후 독립해서 미디어플래닝 전문 랩을 운영하면서 경쟁력이 미흡한 중소광고사들의 미디어플래닝 업무를 지원하고 있다. 이와 함께 아카데미를 통해서 미디어플래닝 업무를 수행하려는 대학 졸업반 학생들과 미디어플래닝 업무로 전환하려는 광고 실무자들을 대상으로 이론과 실무를 가르쳤고 많은 이수자들이 현업에 진출하고 있다. 1995년부터 한양대, 고려대, 이화여대 등에서 강의했으며 숙명여대 홍보광고학부 겸임교수로 근무하였다. 주요 저서로는 『실전미디어플래닝노트』(2006, 2010)가 있다. 주요 논문으로는 박사학위 논문 "양방향미디어의 광고 형식규제방향과 전문가 인식에 관한 연구"(2013), 연구논문 "인터랙티브광고 형식규제정책에 관한 탐색적 연구"(2012), "국내 양방향광고 규제의 문제점과 바람직한 정책개선을 위한 제언"(2014) 등이 있다.

페이스북_ohpum kwon　인스타그램_kwon_pum